（宋）蘇軾 撰

明成化本東坡七集

第七册

國家圖書館出版社

第七册目録

東坡集四十卷（卷第二十五—二十九）

東坡集卷第二十五

表狀三十三首

謝翰林學士表二首

謝對衣金帶馬表二首

笏記二首

辭免侍讀狀一首

謝除侍讀表二首

謝賜　御書詩表一首

謝三伏早出院表一首

睿州謝上表一首

臣軾言昨奉　勑差知睿州軍州事已於今月三日到任上訖草芥賤微敢干洪造乾坤廣大曲遂私誠受命

撫躬已自知於不稱入境問俗又復過於所期臣軾中謝

伏念臣家世至寒性資甚下學雖篤志本先朝進士篆

刻之文論不適時皆老生常談陳腐之說分於　聖世

處以散材一自離去闕庭屢更歲籥塵埃筆硯漸忘

舊學之淵源奔走簿書粗識小人之情僞欲自試於

民社庶有助於消涘以為公朝不廢私顧攜孥上國

預憂桂玉之不克請郡東方實欲弟昆之相近自惟

何幸動獲所求雖父兄所以處臣其僥倖不過如此雖

云疎外有此遭逢此盖伏遇　皇帝陛下躬上聖之資

建太平之業以為人無賢愚皆有可用故雖如臣等

輩猶未盡捐臣敢不仰認至恩益堅素守推廣中和之政撫綏疲瘵之民要使民之安臣則為臣之報國臣無任瞻天荷聖激切屏營之至

徐州謝上表一首

臣軾言分符高密已竊名邦改命東徐復塵督府荷恩深厚撫己兢慚臣軾中謝伏念臣奮身農畝託迹書林信道直前曾無坎井之避立朝寡助誰為先後之容向者屢獻瞽言仰塵聖鑒豈有意於為異蓋篤信其所聞顧慙迂闊之言雖多而無益惟有朴忠之素既久而猶堅遠不忘君未忍改其常度言之無罪實

深恃於至仁知臣者謂臣愛君不知臣者謂臣多事空懷此意誰復見明伏惟　皇帝陛下日月照臨乾坤覆燾察孤危之易毀諒拙直之無他安全陋軀畀付善地民淳訟簡殊無施設之方食足身閑仰愧生成之賜顧力報之無所懷孤忠而自憐

徐州謝獎諭表一首

臣軾言伏奉今月四日　勑以臣去歳脩城捍水粗免疎虞特賜獎諭者奔走服勤人臣之常事褒稱勞勉學者之至榮自惟何人乃辱斯語臣軾誠惶誠恐頓首頓首伏念臣學無師法才與世疎經術既已不深吏事

又其所短累忝優寄卒無異稱寬如定遠之言平平無
取拙比道州之政下下宜然乃者河决澶淵毒流淮泗百
堵皆作蓋僚吏之劬勞三板不沈本朝廷之威德而臣
下掠衆美上貪天功獨竊璽書之榮以為私室之寶此
蓋伏遇　皇帝陛下天覆四海子養萬民哀無辜之遭
罹特遣使以存問既蠲免其賦調又飲食其饑寒所以
録臣之微勞蓋將責臣之來效臣敢不躬親畚築益修
今歲之防安集流亡盡復平時之業庶殫朽鈍少補
絲毫臣無任

徐州賀河平表一首

臣軾言竊聞黃河決口已遂閉塞者聖謨獨運天眷莫違庶邦子來民罔告病萬杵雷動役不逾時遂消東北莫大之憂然後麥禾可得而食人無後患喜若再生臣軾中謝伏以大河為災歷世所病禹治兗州之野十有三載乃同漢築宣防之宮二十餘年而定未有收狂瀾於既潰復故道於將堙俛仰而成神速若此恭惟皇帝陛下至仁博施神智無方達四聰以來衆言廣大孝以安宗廟水當潤下河不溢流屬歲久之無虞故患生於所忽方其決也本吏失其防而非天意及其復也蓋天助有德而非人功振古所無溥天同慶維豐沛

之大澤實汴泗之所鍾伊昔橫流凛孤城之若塊迨兹平定蔚秋稼以如雲害既廣則利多憂獨深而喜倍雖官守有限不獲趨外庭以稱觴而民意所同亦能抒下情而作頌臣無任

湖州謝上表一首

臣軾言蒙恩就移前件差遣已於今月二十日到任上訖者風俗阜安在東南號為無事山水清遠本朝廷所以優賢顧惟何人亦與兹選臣軾中謝伏念臣性資頑鄙名迹堙微議論闊疎文學淺陋凡人必有一得而臣獨無寸長荷先帝之誤恩擢寘三館蒙陛下之過聽

付以兩州非不欲痛自激昂少酧恩造而才分所局有
過無功法令具存雖勤何補罪固多矣臣猶知之夫
何越次之名邦更許借資而顯受顧惟無狀豈不知
恩此蓋伏遇　皇帝陛下天覆群生海涵萬族用人不
求其備嘉善而矜不能知其愚不適時難以追陪新進
察其老不生事或能牧養小民而臣頃在錢塘樂其風
土魚鳥之性既自得於江湖吳越之人亦安臣之教令
敢不奉法勤職息訟平刑上以廣朝廷之仁下以慰父
老之望臣無任

到黃州謝表一首

臣軾言去歲十二月二十九日準　勅責授臣檢校尚書
水部員外郎充黃州團練副使本州安置不得簽書公
事臣已於今月一日到本州訖者狂愚冒犯固有常刑
仁聖矜憐特從輕典赦其必死許以自新祇服訓辭惟
知感涕 中謝 伏念臣早緣科第誤忝縉紳親逢睿哲
之興遂有功名之意亦嘗召對便殿考其所學之言試
守三州觀其所行之實而臣用意過當日趨於迷賦命
衰窮天奪其魄叛違義理辜負恩私茫如醉夢之中
不知言語之出雖至仁屢赦而眾議不容案罪責情
固宜伏斧鑕於兩觀推恩屈法猶當禦魑魅於三危

豈謂尚玷散員更叨善地投畀麏麚之野保全樗櫟之生臣雖至愚豈不知幸此蓋伏遇　皇帝陛下德刑並用善惡兼容欲使法行而知恩是用小懲而大戒天地能覆載之而不能容之於度外父母能生育之而不能出之於死中伏惟此恩何以為報惟當蔬食没齒杜門思愆深悟積年之非永為多士之戒貪戀聖世不敢殺身庶幾餘生未為弃物若獲盡力鞭箠之下必將捐軀矢石之間指天誓心有死無易臣無任

謝失覺察妖賊放罪表一首

臣軾言去年十二月十五日準淮南轉運司牒奉

聖旨差官取勘臣前任知徐州日不覺察百姓李鐸郭進
等謀反事臣尋具析在任日曾選差沂州百姓程棐令
緝捕凶逆賊人致棐告獲前件妖賊因依乞勘會施行
至今年七月二日復準轉運司牒坐準尚書刑部牒奉
聖旨蘇軾送尚書刑部更不取勘盜發所臨守臣固當
重責罪疑則赦聖主所以廣恩自驚廢逐之餘猶在
愍憐之數臣軾誠惶誠恐頓首頓首伏念臣早蒙殊遇
擢領大邦上不能以道化民達忠孝於所部下不能以
刑齊物消姦宄於未萌致使妄庸敢圖僭逆原其不
職夫豈勝誅況茲溝瀆之中重遇雷霆之譴無官可削

撫已知危至於捕斬羣盜之功乃是隣近一夫之力靖言其始偶出於臣雖為國督奸常懷此志而因人成事豈足言勞勉自列於消埃庶少寬於斧鉞豈謂蕩然之澤許以勿推收驚魄於散亡假餘生之晷刻退思所自為幸何多此蓋伏遇　皇帝陛下舞虞舜之干示人不殺祝成湯之網與物求生其間用刑本不得已稍有可赦無不從寬務在考實而原情何嘗記過而忘善益悟向時之所坐皆是微臣之自貽感愧終身論報無地布衣蔬食或未死於飢寒石心木腸誓不忘於忠義臣無任

謝量移汝州表一首

臣軾言伏奉正月二十五日誥命特授臣汝州團練副使本州安置不得簽書公事者稍從內遷示不終弃罪已甘於萬死恩實出於再生祇服訓詞惟知感涕臣軾誠惶誠恐頓首頓首伏念臣向者名過其實食浮於人兄弟並竊於賢科衣冠或以爲盛事旋從册府出領郡符既無片善可紀於絲毫而以重罪當膏於斧鉞雖蒙恩貸有愧平生隻影自憐命寄江湖之上驚魂未定夢游縲絏之中憔悴非人章狂失志妻孥之所竊笑親友至於絕交疾病連年人皆相傳爲已死飢寒併日臣亦自厭其

餘生豈謂草芥之賤微尚煩朝廷之記録開其悯悔許以甄收此蓋伏遇　皇帝陛下湯德日新堯仁天覆建原廟以安祖考正六宫而修典刑百廢具興多士爰集彈冠結綬共欣千載之逢掩面向隅不忍一夫之泣故推涓滴以及焦枯顧惟效死之無門殺身何益更欲呼天而自列尚口乃窮徒有此心期於異日臣無任

乞常州居住表一首

臣軾言臣聞聖人之行法也如雷霆之震草木威怒雖甚而歸於欲其生人主之罪人也如父母之譴子孫鞭撻雖嚴而不忍致之死臣漂流弃物枯槁餘生泣血書

詞呼天請命願回日月之照一明葵藿之心此言朝聞夕死無憾臣軾誠惶誠恐頓首頓首臣昔者嘗對便殿親聞德音似蒙聖知不在人後而狂狷妄發上負恩私既有司皆以爲可誅雖明主不得而獨赦一從吏議坐廢五年積憂薰心驚齒髮之先變抱恨刻骨傷皮肉之僅存近者蒙恩量移汝州伏讀訓詞有人材實難弗忍終弃之語豈獨知免於縲絏亦將有望於桑榆但未死亡終見天日豈敢復以遲暮爲歎更生僥覬之心但以禄廪久空衣食不繼累重道遠不免舟行自離黄州風濤驚恐舉家重病一子喪亡今雖已至泗州而貲用罄竭

去汝尚遠難於陸行無屋可居無田可食二十餘口不知
所歸飢寒之憂近在朝夕與其強顏忍耻干求於衆人
不若歸命投誠控告於君父臣有薄田在常州宜興縣
粗給饘粥欲望聖慈許於常州居住又恐罪戾至重未
可聽從便安輒敘微勞庶蒙恩貸臣先任徐州日以河
水浸城幾至淪陷臣日夜守捍偶獲安全曾蒙朝廷降
勑獎諭又嘗選用沂州百姓程棐令購捕凶黨致獲
謀反妖賊李鐸郭進等一十七人亦蒙　聖恩保明放
罪皆臣子之常分無涓埃之可言冒昧自陳出於窮迫
庶幾因緣僥倖功過相除稍出羈囚得從所便重念

臣受性剛褊賦命奇窮既獲罪於天又無助於下怨仇
交積罪惡横生群言或起於愛憎孤忠遂陷於疑似中
雖無愧不敢自明向非人主獨賜保全則臣之微生豈
有今日伏惟　皇帝陛下聖神天縱文武生知得天下
之英才已全三樂躋斯民於仁壽不弃一夫勃然中興
可謂盡善而臣抱百年之永嘆悼一飽之無時貧病交
攻死生莫保雖鳧鴈飛集何足計於朝廷而犬馬蓋
帷猶有求於陛下敢祈仁聖少賜矜憐臣見一面前去

至南京以來聽候朝旨干冒天威臣無任

到常州謝表二首

臣軾言先蒙恩授汝州團練副使本州安置尋上表乞
於常州居住奉　聖旨依所乞臣已於今月二十二日到
常州訖者積釁莫難磨未經洗滌至仁易感許即便安
祇荷寵靈惟知感涕中謝伏念臣所犯罪戾本合誅
夷向非　先帝之至明豈有餘生於今日銜恩未報有
志不從已分没身寄殘骸於魑魅敢期擇地收暮景於
桑榆此蓋伏遇　皇帝陛下仁孝生知聰明天縱寅奉
上帝之眷命述修累聖之成謀念此菅蒯之微庶幾簪
屨之舊俾安田畝稍出縲囚飽食無思但日陶於新化
杜門自省當益念於往愆臣無任

又

臣軾言先蒙恩授汝州團練副使本州安置尋上表乞
於常州居住奉 聖旨依所乞臣已於今月二十一日到
常州訖者罪大人微自甘永棄食貧口衆未免求安忽
奉命旨出於獨斷仰銜恩施不覺涕零中謝伏念臣
根以凡才早塵仕籍生逢有作之聖獨抱不移之愚廢
弃六年已忘形於田野泝沿萬里偶脫命於江潭豈謂
此生得從所便此蓋伏遇 太皇太后陛下厚德載物
至仁代天春生秋成本無心於草木風行雷動自有信
於蟲魚致此鈞頌亦叨恩有耕田鑿井得衕齒於平民

碎首刳肝尚未知其死所臣無任

登州謝上表二首

臣軾言伏奉告命授臣朝奉郎知登州軍州事臣已於今月十五日到任上訖者登雖小郡地號極邊自驚縲絏之餘忽有民社之寄拜恩不次隕涕何言中謝臣聞臣不密則失身而臣無周身之智人不可以無學而臣有不學之愚積此兩愆本當萬死坐受六年之謫甘如五鼎之珍擊鼓登聞止求自便買田陽羨誓畢此生豈期枯朽之中有此遭逢之異收召魂魄復為平人洗濯瑕疵盡還舊物此蓋伏遇　皇帝陛下內行曾閔之

孝外發禹湯之仁日將旦而四海明天方春而萬物作於其黨而觀過謂臣或出於愛君就所短而求長知臣稍習於治郡致茲異寵驟及非才恭惟　先帝全臣於衆怒必死之中陛下起臣於散官永弃之地沒身難報碎首為期臣無任

又

臣軾言伏奉告命授臣朝奉郎知登州軍州事臣已於今月十五日到任上訖者寵命過優訓詞尤厚非臣愚惷所克承當臣軾誠惶誠懼頓首頓首臣所領州下臨漲海人淳事簡地瘠民貧入境問農首見父老戴白

扶杖爭來馬前皆云枯朽之餘死亡無日雖在田野亦有
識知恭聞　聖母至明而慈　嗣皇至仁而孝每下號令
人皆涕流願忍垂死之年以待惟新之政言雖甚拙意
則可知見朝廷擢臣於久廢之中謂臣愚必有以少塞
其責或能推廣　上意惠康小民而臣天資鈍頑學問
寡淺心已耗於多難才不周其一身將何以上荅聖知
下慰民願伏惟　太皇太后陛下以任姒之位行堯舜
之仁勤邦儉家永為百王之令典時使薄斂故得萬國
之歡心豈煩爝火之微更助日月之照但知奉法不敢
求名臣無任

辭免起居舍人第一狀一首

右輔準閤門告報已降告命除臣依前官守起居舍人若臣受材淺薄臨事迂疎起於罪廢之中未有絲毫之效驟陞清職必致煩言頑回虛擬之恩庶免素飡之愧所有告身臣不敢祗受

辭免起居舍人第二狀一首

右臣近奏乞辭免起居舍人恩命准尚書省劄子奉聖旨不許辭免者天威在顏不違咫尺之命於子惟所東西況茲久廢之餘敢有不回之意伏念臣受性褊狷賦命苛蹐既早竊於胄科復濫登於冊府叨取天下之

公器又處衆人之所爭若此而全從古未有今者出於
九死之地始有再生之心危迹粗安驚魂未返若驟膺
非分之寵恐別生意外之憂縱無人災必有鬼責伏望
聖慈廓天地包函之量推父母愛憐之心知其實出於
至誠止欲自處於無過追還新命更選異材使之識分
以安身孰與包羞而冒寵再伸微懇伏俟重誅所有告
身臣不敢祗受

辭免中書舍人狀一首

右臣准閤門告報已降告命除臣試中書舍人者伏念
臣頃自貶所起知登州到州五日而召以省郎到省半

月而擢為右史欲自勉強少酧恩私而才無他長職有常守出入禁闥三月有餘考論事功一毫無取今又冒榮直授躐衆驟遷非次之陞既難以處不試而用尤非所安願回異恩免速官謗所有告身臣不敢祗受

謝中書舍人表二首

臣軾言伏奉制命授臣試中書舍人仍改賜章服者右史記言已塵高選西垣視草復玷近班皆儒者之至榮豈平生之所望臣軾誠感誠懼頓首頓首竊以詞命之職古今所難非獨取之於文蓋將試之以事至於機務亦或與聞雖四戸擅權非當時之公議而五花判事亦前

代之美談及夫三字之除乃是一切之政但謂内朝之法
從安知宰相之屬官既任止於訓詞故權移於胥史恬
不知恠習爲故常　先皇帝道冠百王法垂萬世建六
官而修故事闢三省以待異人典章一新名實皆正遂
申明於四禁俾分領於六曹遠則追直閣之司近則通
檢正之任雖未聞政而聞事蓋須有德而有言如臣之
愚無一而可草創潤色既非鄭國之材除書德音又乏
唐人之譽忽當此選莫測其由此蓋伏遇　皇帝陛下
將聖與仁能哲而惠雖在三年不言之際已有十日並
照之光而臣日侍邇英親聞訪道仰天威之甚近知

聖鑒之難逃謂臣嘗受先朝之知實無左右之助弃瑕
往昔責效將來臣敢不益勵素心無忘舊學上體周公
煩悉之誥助成漢家深厚之文苟無曠官其敢言報臣
無任

又

臣軾言伏奉制命授臣試中書舍人仍改賜章服者聖
神獨斷出成命於省中哀病增光濫虛名於朝右訓詞
之重士論所榮臣軾誠惑誠懼頓首頓首臣聞有言逆
心此古人所以顛沛積毀消骨非聖主莫能保全臣本
受知於裕陵亦嘗見待以國士嘉其好直許以能文

雖竄謫流離之餘決無可用而哀憐收拾之意終不少衰抱弓劍以長號分簪履之永弃豈期晩遇又過初心矧外制之深嚴極西垣之清要在唐之盛以馬周岑文本為得人近世所傳有楊億歐陽脩之故事不試而用于今幾人遂超同列之先遠繼前脩之末夫何頑鈍有此遭逢此蓋伏遇　太皇太后陛下憂國忘家愛民如子憂深故任其事者重愛極故為之慮也長敷求哲人以遺嗣聖所以兼收而並用庶幾有得於其間臣敢不盡其所能期於無愧始終自誓故常以道而事君夷嶮不同則必見危而授命臣無任

辭免翰林學士第一狀一首

右臣准閤門告報已降告命除臣翰林學士知制誥者臣竊謂自從西掖直遷內制雖祖宗故事而近歲以來少有此比非高材重德雅望不在此選臣自量三者皆不迨人驟當殊擢實不自安伏望聖慈察臣至誠非苟辭避追還異恩以厭公論謹錄奏聞

辭免翰林學士第二狀一首

右臣近者奏乞詞免翰林學士知制誥恩命伏蒙降詔不允者天地之恩義無所謝父母之訓理不可違而臣至愚尚守所見再傾微懇不避重誅非獨以學問荒唐

文詞鄙淺已試無效如前所陳實以勞舊尚多必有積薪之誚兄弟並進豈無連茹之嫌誠不自安非敢矯飾伏望聖慈亮其悃愊特許追還庶免人言俾得自效所有告命臣不敢祗受謹録奏聞

謝宣召入院狀二首

右臣今月日西頭供奉官充待詔董士隆至臣所居奉宣聖旨召臣入院充學士者詔語春温再命而僂使華天降一節以趨在故事以嘗聞豈平生之敢望省循非稱愧汗交深竊以視草之官自唐爲盛雖職親事祕號爲北門學士之榮而禄薄地寒至有京兆掾曹之請

豈如聖代一振儒風非徒好爵之縻兼享大烹之養玉
堂賜篆仰溥化之彌文寶帶重金佩元豐之新渥既厚
其禮愈難其人而臣以空踈冗散之材衰病流離之後
生還萬里坐閲三遷不緣左右之容躐處賢豪之上此
蓋伏遇　皇帝陛下生資文武天祚聖神雖亮陰不言
尚隱高宗之德而訪落求助已啓成王之心首擇輔臣
次求法從知人材之難得釆虚名而用臣敢不益勵初
心力圖後効才不逮古雖慙内相之名志常在民庶免
私人之誚臣無任

文

右臣今月日西頭供奉官充待詔董士隆至臣所居奉
宣聖旨召臣入院充學士者里巷傳呼親臨詔使私
庭望拜恭被德音人言稽古之榮臣有素飡之愧懇
詞雖至成命莫回伏以朝論所高禁林為重非徒翰墨
之選乃是將相之儲禮絕同僚歎裴李於座上功成異
域得頗牧於禁中宜有異人來膺此選而臣顓愚自信
狂直不回先帝憐其孤忠欲召而未果陛下出於獨斷
決用而無疑曾未周歲而閱三官試以百為而無一可保
全已幸擢用何名此蓋伏遇　太皇太后陛下德協天
人心存社稷受聖子之託天下抱神孫而朝諸侯巍巍

其有成功不見治迹斷斷而無他技專用老成推其類以及臣顧何能而在此忠義之報死生不移臣無任

謝翰林學士表二首

臣軾言蒙恩除臣翰林學士知制誥者名微不稱寵至若驚伏念臣經術空踈吏能短淺少年自守無用於作新去國生還適逢於求舊初何云補遽辱甄收此蓋伏遇皇帝陛下文武生知聰明天縱法乾坤之廣運體日月之照微過採虛名使陳薄技敢不激昂晚節砥礪初心雖洪造之難酧盡微生而後已臣無任

臣軾言蒙恩除臣翰林學士知制誥者寵光逾分榮愧交中伏念臣本以疎愚起於遐陋學雖篤志皆場屋之空文言不適時豈朝廷之通論老於憂患望絶搢紳此蓋伏遇　太皇太后陛下揔覽政綱灼知治體恢復祖宗之舊兼收文武之資過録愚忠以敦薄俗敢不臨寵而懼職思其憂非敢有意於功名庶幾少逃於罪悔臣無任

謝對衣金帶馬表二首

臣軾言伏蒙聖慈以臣入院特賜衣一對金腰帶一條金鍍銀鞍轡馬一疋被三品之服章君子所以昭令德

分六閑之駔駿朝廷所以旌有功顧惟何人亦與茲寵拜恩俯僂流汗交并臣軾中謝伏念臣人微地寒性迂才短襲布韋而自薦偶忝搢紳駕欵段以言歸終安畎畝豈謂便蕃之錫萃於衰病之軀此蓋伏遇皇帝陛下揔覽衆工財成大化至誠樂與有緇衣之好賢俊民用章無白駒於空谷不違寒陋亦被光華攬佩以思遂識斷金之義舉鞭自誓敢忘希驥之心臣無任

文

臣軾言伏蒙聖慈以臣入院特賜衣一對金腰帶一條金鍍銀鞍轡馬一匹命服出笥榮動搢紳左驂在廷光

生徒馭德不稱物愧無所容臣軾中謝伏念臣衰朽無功惷愚不學已分鵜梁之刺敢逃負乘之譏再惟此恩何自而至此蓋伏遇　太皇太后陛下至神廣運盛德兼容躬周公之勤勞而逸於委任寶老氏之慈儉而侈於禮賢致此光榮下及微陋慨然攬轡敢有意於澄清東以立朝尚可言於賓客臣無任

笏記二首

禁林之選多士所榮非獨文章之工俾專翰墨當屬典刑之老以重朝廷如臣空疎豈宜塵冒此蓋伏遇
皇帝陛下剛健純粹緝熙光明曲搜已弃之材將建

無窮之業顧慙淺陋將何補於盛明惟有朴忠誓不回

於生死臣無任

又

西掖代言已愧一時之高選北門視草又忝諸生之極

榮豈伊衰朽之餘有此遭逢之異此蓋伏遇 太皇

太后陛下坤元利正天造無私靡求備於一人將曲成

於萬物文章小技縱有效於涓埃草木微生終難酬

於雨露臣無任

辭免侍讀狀一首

右臣今月二十六日準閤門告報蒙恩除臣兼侍讀

者入侍邇英其選至重非獨分摘章句實以仰備顧問

臣學術淺陋恐非其人況臣待罪禁林初無吏責又加

廩賜之厚益負尸素之憂伏望聖慈察其誠心追

回新命以授能者謹録奏聞伏候勑旨

謝除侍讀表二首

臣軾言今月一日蒙恩除臣兼侍讀者學術本疎老復

加於謇訥官聯愈近職專在於討論退省其愚莫知所

措中謝伏以天威咫尺顧末技以何施聖敬日躋豈群

臣之可望非張禹寬中之篤學無量懷素之懿文則

何以奉天子五學之游求王人多聞之益如臣愚暗何

與選揄此葢伏遇　皇帝陛下卓然生知附以好學方
高宗恭默之後正宣帝勵精之初衆論並陳悉洞照其
情僞陳編一覽已周知於廢興察臣衰病而無求庶可
親近而寡過故兹拔用驟及疲駑臣敢不温故知新
粗辨有司之職見危致命更輸異日之忠臣無任

又

臣軾言今月一日蒙恩除臣兼侍讀者北門視草已叨
儒者之極榮西學上賢復玷侍臣之高選省循非稱愧
汗交懷中謝竊惟講讀之臣止以言語為職考功課吏
無殿最之可書陳善閉邪有膏澤之潛潤豈臣愚陋

亦所克堪此蓋伏遇　太皇太后陛下憂思深長德業
久大受　先帝投艱之託爲神孫經遠之謀故選左右
前後之人罔非吉士使知興亡治亂之效莫若多聞謂臣
雖無大過人之才知臣粗有不欺君之實故使朝夕與
於討論奉永日之清閑未知所報畢微生於盡瘁
終致此心臣無任

謝賜　御書詩表一首

臣軾言今月十五日賜宴東宮伏蒙聖恩差中使就
賜臣　御書詩一首者玉斝上尊霈若雲天之澤寶
章宸翰煥乎奎璧之文喜溢心顔光生懷袖臣軾誠

感誠懼頓首頓首伏念臣猥緣末技獲玷清流早歲數奇已老江湖之上餘生何幸得依日月之光入侍燕間與聞講學卒桓榮之業因人而成登劉洎之床則臣豈敢夫何珍賜亦及微軀此蓋伏遇　皇帝陛下道本生知才惟天縱文不數於游夏書已逼於鍾王心慕手追陋文皇之由學筆縱字大笑宋武之未工知臣遭遇之難欲以顯榮其老鏤之金石庶傳玩於人人付與子孫俾輸忠於世世臣無任

謝三伏早出院表一首

臣軾言君逸臣勞固上下之分金伏火見亦消長之常

乃緣異恩而許夙退中謝伏念臣等誤緣末技待罪
禁林戴星而朝雖粗輸其勤拙窮日之力卒無補於
絲毫遽蒙假借之私得遂委蛇之樂此蓋伏遇
太皇太后陛下嚴於恭己恕以馭臣事既省於清心
日自長於化國朝而不夕前追靜治之風伏當早
歸下遂踈愚之性臣無任

東坡集卷第二十五

東坡集卷第二十六

表十六首 笏記附

謝除龍圖閣學士表二首

謝賜對衣金帶馬表二首

笏記二首

杭州謝上表二首

杭州謝放罪表二首

賀明堂赦書表二首

謝賜曆日詔書表二首

賀興龍節表一首

賀坤成節表一首

啓十一首

謝秋賦試官啓一首

謝南省主文啓五首

謝制科啓一首

賀楊龍圖啓一首

鳳翔到任謝執政啓一首

賀吴副樞啓一首

荅許狀元啓一首

表十六首

謝除龍圖閣學士表二首

臣軾言伏蒙聖恩以臣累章請郡特除臣龍圖閣學士
知杭州者中禁寶儲上應奎壁之象先朝謨訓遠同河
洛之符隷職其間省躬非據臣軾誠惶誠恐頓首頓首
伏念臣學非有得愚至不移雖叨過實之名卒無適用
之器少時妄意蓋嘗有志於事功晚歲積憂但欲歸安
於田畝屬聖神之履運荷識拔之非常猶冀桑榆之收
遽迫犬馬之疾力求閑散庶免顛隮豈謂　皇帝陛下
聖度包荒天慈委照察其才有所短不欲强置之禁嚴
知其進不由人故特保全其終始遂加此職以責其行

臣敢不仰緣末光益勵素守徃何之而不可中無愧之
為安但未死亡必期報塞臣無任感天荷聖激切屏營
之至

又

臣軾言伏蒙聖恩以臣累章請郡特除臣龍圖閣學士
知杭州者北扉清密久愧素飡内閣深嚴復膺殊寵以
榮為懼有靦在顔臣軾誠惶誠恐頓首頓首伏念臣賦
命數奇與人多忤遭遇仁祖忝竊賢科繼蒙英廟
之深知尤荷裕陵之見器而流離若此窮薄可知晚親
日月之光常恐缾罍之溢故求閑散以避災迍豈謂

太皇太后陛下天高聽卑坤厚載物愛惜臣下固無異於子孫委任官師本不分於中外致茲衰病不失清華然臣辭寵而益榮求閑而得劇雖云稍遠於爭地尚恐終非其久安敢不磨鈍自脩履氷知戒庶全孤節少荅殊私臣無任感天荷聖激切屏營之至

謝賜對衣金帶馬表二首

臣軾言伏蒙聖慈特賜衣一對金腰帶一條金鍍銀鞍轡一副馬一疋者出笥之珍已華朽質解驂之賜益耀衆觀顧惟何人亦被茲寵臣軾誠惶誠恐頓首頓首伏念臣少而拙訥老益疎愚山野之姿非文繡

之所及疲駑之質雖鞭策以何加方期冗散之安更忝便蕃之賜此蓋伏遇皇帝陛下緝熙儒術罔羅人材不愛車服寵數之章使爲吏民瞻望之美擄鞍有愧束袵知榮敢不奉以牧民永思去害之指施之大邑庶無學製之傷臣無任感天望聖激切屛營之至

又

臣軾言伏蒙聖恩特賜衣一對金腰帶一條金鍍銀鞍轡一副馬一匹者命服斯皇詩詠周宣之德康侯用錫易稱王母之仁惠澤所加臣工知勸臣軾誠惶誠恐頓首頓首伏念臣資材朽鈍學術空踈矧兹衰

病之餘豈復光華之美荷寵章之蕃庶人以為榮顧形

影之支離臣惟自愧此蓋伏遇　太皇太后陛下知人

堯哲徧物舜仁時遣拾遺補過之臣出為承流宣化之

任子衣安吉不待請而得之我馬虺隤蓋知勞而賜者

敢不勉思忠藎務報恩勤永惟廐庫之珎莫非民力無

忘獄市之寄以副上心臣無任

笏記二首

臣軾言隸職宸居承流閫寄自知衰朽有玷寵光此蓋

伏遇　皇帝陛下揔攬群材靡遺片善曲收頑鈍迭處

清華徒傾艸木之心莫報乾坤之施臣無任

又

既塵美職復玷名藩榮寵過情省循知愧此蓋伏遇太皇太后陛下仁均動植明燭幽微特示寵章以旌眷遇恩勤莫報生死難忘臣無任

杭州謝上表二首

臣軾言伏奉制書除臣龍圖閣學士知杭州臣已於今月三日到任上訖者始衰而病豈非滿溢之災乞越得杭又過平生之望臣軾誠惶誠恐頓首頓首伏念臣起自廢黜驟登禁嚴畢命驅馳未償萬一懷安退縮豈所當然蓋散材不任於斧斤而病馬空糜於芻粟故求外

補以盡餘年豈期避寵而益榮求閑而得劇此蓋伏
遇　皇帝陛下剛健中正緝熙光明無為蓋虞舜之
仁篤學有仲尼之智而臣猥以末技日奉講帷凛然
威光近在咫尺惟古人責難之意每不自量方陛下
好問之初遽以疾去推之理數可謂奇窮荷眷遇之
不移竊恩榮而愈重雖雨露之施初不擇地而犬馬
之報期於殺身臣無任

又

臣軾言伏奉制書除臣龍圖閣學士知杭州臣已於
今月二日到任上訖者入奉禁嚴出膺方面皆人臣

之殊選在儒者以尤榮臣軾誠惶誠恐頓首頓首伏念
臣受寵逾涯積憂成疾既思退就於安養又欲少逃於
滿盈仰荷至仁曲從微願江山故國所至如歸父老遺
民與臣相聞知朝廷輟近侍為太守蓋聖主視天下
如一家鞭扑未施爭訟幾絕臣之厚幸豈易名言此蓋伏
遇太皇太后陛下天地之仁賢愚兼取日月之照邪
正自分每色函其惷迂欲保全其終始兄弟孤立嘗
親奉於德音死生不移更誓堅於晚節臣無任

杭州謝放罪表二首

臣軾言臣近以法外刺配本州百姓顔章顔益二人上

章符罪奉　聖旨特放罪者職在承宣當遵三尺之約束事關利害輙從一切之便宜曲荷天慈不從吏議臣軾誠惶誠恐頓首頓首伏念臣早緣剛拙屢致憂虞用之朝廷則逆耳之奏形於言施之郡縣則疾惡之心見于政雖知難每以為戒而臨事不能自回苟非日月之明肝膽必照則臣豈惟獲罪於今日久已見傾於衆言恭惟　皇帝陛下睿哲生知清明旁達委任群下退託於不能愛養成材惟恐其有過知臣欲去一方之積弊須除二猾以示民特屈憲章以全罷使臣敢不省循過咎祗服簡書眷此善良自不犯於漢法時有貸捨用益

廣於堯仁臣無任

又

亂群之誅不請而決蓋恩威之無素致姦猾之敢行方
侯譴訶豈期寬宥臣軾誠惶誠恐頓首頓首伏以法吏
網密蓋出於近年守臣權輕無甚於今日觀　祖宗信
任之意以州郡責成於人豈有不擇師帥之良但知繩
墨之馭若平居僅能守法則緩急何以使民顧臣不才
難以議此恭惟　太皇太后陛下寬仁從衆信順得天
推一身之至公納萬方於無罪而臣始終被遇中外蒙
恩謂事有專而合宜情無他而可恕故加貸捨以示寵

綏朝廷之明粗以臣為可信吏民自服當不令而率從臣無任

賀明堂赦書表二首

臣軾言宗祀告成脩累朝之盛典端門肆眚荅萬宇之歡心凡有識知舉增抃躍臣軾誠歡誠喜頓首頓首竊謂

祖宗恩信之所被譬如天地寒暑之不差將推作解之仁必在當郊之歲恭惟 皇帝陛下憲章 六聖左右三靈上帝眷而風雨時壬人去而蠻夷服講明大禮對越昊天懷柔百神緫用五福大河脩復奏軌道於東流藩邸顧懷錫鴻名於西府臣備員法從待罪守臣

想聞路寢之鼓鍾曾叨奉引嘉與海隅之草木同被恩

私臣無任

又

臣軾言嚴配禮成民心知孝好生德洽天下歸仁凡蒙

一洗之恩舉有惟新之喜臣軾誠歡誠抃頓首頓首伏

以功存廟社而詞其禮德及草木而諱其名此聖人之

所難幸徽生之親見恭惟　太皇太后陛下勲高任姒

道配唐虞顧惟致治於和平孰不歸心於保佑合宮均

福畢脩累聖之文會慶告成不居先后之位臣職叨禁

從身遠闕庭既欣渙汗之私溥需動植更喜謙光之美

獨冠古今臣無任

謝賜曆日詔書表二首

臣軾言伏蒙聖恩特賜臣詔書并元祐五年曆日一卷者論道調元雖大臣之職授時賦政亦郡守之常而臣供奉内朝使指一道居則代言而頒令出則勸民以務農沐此恩榮敢忘奉順臣軾中謝恭惟皇帝陛下文明憲古睿哲先天歷象教民本堯舜之智水旱罪已蓋禹湯之仁固將推廣其誠心豈特奉行於故事爰因歲首已宣布於王言孰謂民愚咸識知於帝力臣無任

又

臣軾言伏蒙聖恩特賜臣詔書并元祐五年曆日一卷者竊惟稽古之君必以授時為急底日不失日官既有常先時不及時罰在無赦申以丁寧之詔致其惻怛之誠習見頒行止謂有司之故事考其情實則本聖人之用心臣軾中謝恭惟 太皇太后陛下元功在天盛德冠古順帝之則雖並用於恩威與物為春蓋同歸於仁厚而臣入奉講學出牧農民恭布詔書悉傳閭里庶德音之昭格致嗣歲之豐穰臣無任

賀興龍節表一首

臣軾言天佑民而作君惟德是輔帝王商而立子有開

必先納富壽於方來實兆基於茲日臣軾中賀恭惟
皇帝陛下文思天縱聖敬日躋以若稽古之心上遵王
路行不忍人之政下酌民言神聽靖共天壽平格臣久
塵法從出領郡符奉萬年之觴雖阻陪於下列接千歲
之統猶及見於昇平草木之情日月所照臣無任

賀坤成節表一首

臣軾言仁惟天助壽不假於禱祈澤在民心言自成於
雅頌恭臨誕月仰祝聖期雖凡庶之何知亦臣子之常
分中謝恭惟　太皇太后陛下儲神天地託國　祖宗
元勲本自於無心神智實生於至靜同守大器于茲六

年放億萬之羽毛未若消兵以全赤子飯無數之緇褐
豈如散廩以活飢民臣躬領郡符目覩兹事載瞻象闕
阻奉瑶觴嘉與海隅之人同罄華封之祝臣無任

啓十一首

謝秋賦試官啓一首

伏以聖人設文章之教本以御民君子在野田之間亦
學為政故知禮樂者可與言化通春秋者長於治人蓋
三代之所常行於六經可以備見事為之制曲為之防
使學者皆能明其心則天下可以運諸掌降及近世析
為二塗凡王政皆出於刑書故儒術不通於吏事惟其

所以治民者固不本於學而其所以為學者亦無施於
民遊庠校者忘朝廷讀法律者捐詩賦場屋後進挾聲
技以相夸王公大人顧雕蟲而自笑舊學無用古風遂
忘終始之意曾不相沿貴賤之間亦因遂闊下之士有
學古之志而無學古之功上之人有用儒之名而無用
儒之實顧茲婾弊常竊憫嗟苟非當世之大賢孰拯先
王之墜典伏惟某官才出間世志存生民曩在布衣能
通天下之務旋居要職又為儒者之宗明習政事而皆
有本原守持經術而不為迂闊世之系望上所深知輟
自朝聯付之文柄命題甚易而不肖者無所兼容用法

至寬而犯令者未嘗苟免觀其發問於策足以盡人之材欲聞先聖之心考其詩義深悲古學之廢訊以歷書條任子之便宜訪成均之故事不泥於古不牽於今非有苛碎難知之文將觀磊落不羈之士使天下知文章誠可以制治知聲律不足以入官失之者固因而自新得之者不至於捐舊平昔所歎於今遂忘軾才無他長學以自守為文病拙不能當世俗之心奏籍有名大懼辱賢人之舉翻然如畀之羽翼追逸翮以並遊沛然如假之舟航臨長川而獲濟偶緣大庇粗遂一名方將區區於簿書米鹽之間碌碌於塵埃箠楚之地雖識恩之

所自顧力報之末由感懼之懷不知所措

謝南省主文啓五首

歐陽内翰

右軾啓竊以天下之事難於改為自昔五代之餘文教衰落風俗靡靡日以塗地　聖上慨然太息思有以澄其源疏其流明詔天下曉諭厥旨於是招來雄俊魁偉敦厚朴直之士罷去浮巧輕媚叢錯采繡之文將以追兩漢之餘而漸復三代之故士大夫不深明天子之心用意過當求深者或至於迂務奇者怪僻而不可讀餘風未殄新弊復作大者鏤之金石以傳久遠小者轉相

摹寫號稱古文紛紛肆行莫之或禁蓋唐之古文自韓愈始其後學韓而不至者為皇甫湜學皇甫湜而不至者為孫樵自樵以降無足觀矣伏惟内翰執事天之所付以收拾先王之遺文天下之所待以覺悟學者恭承

王命親執文柄意其必得天下之奇士以塞明詔軾也遠方之鄙人家居碌碌無所稱道及來京師久不知名將治行西歸不意執事擢在第二惟其素所蓄積無以慰士大夫之心是以群嘲而聚罵者動滿千百亦惟恃有執事之知與衆君子之議論故恬然不以動其心猶幸

御試不為有司之所排使得搢笏跪起謝恩于門

下聞之古人士無賢愚惟其所遇蓋樂毅去燕不復一戰而范蠡去越亦終不能有所為軾願長在下風與賓客之末使其區區之心長有所發夫豈惟軾之幸亦執事將有取一二焉不宣謹啓

王内翰

右軾啓竊以取士之道古難其全欲求倜儻超拔之才則懼其放蕩而或至於無度欲求規矩尺寸之士則病其齷齪而不能有所為進士之科昔稱浮剽本朝更制漸復古風博觀策論以開天下豪俊之塗精取詩賦以折天下英雄之氣使齷齪者望而不敢進放蕩者退而

有所裁此聖人所以罔羅天下之逸民追復先王之舊
迹元臣大老皆出此塗伏惟内翰執事天材俊麗神氣
横溢奇文高論大或出於繩檢比聲協句小亦合於方
圓蓋天下望為權衡故 明主委之黜陟軾之不肖與
在下風顧惟山野之見聞安識朝廷之忌諱軾亦恃有
執事以為小節之何拘執事亦將收天下之遺才觀其
大綱之所在騾置殊等寔聞四方使知大國之選材非
顧當時之所悦聊然陋器雖不能勝多士之喧言卓爾
大賢自足以破萬人之浮議方將奔走厥職厲精乃心
苟庶幾無朝夕之愆以辱知己亦萬一有毛髮之效少

荅至仁感懼之懷不知所措

梅龍圖

右軾啓軾聞古之君子欲知是人也則觀之以言言之不足以盡也則使之賦詩以觀其志春秋之世士大夫皆用此以卜其人之休咎死生之間而其應若影響符節之密夫以終身之事而決于一詩豈其誠發於中而不能以自蔽邪傳曰登高能賦可以爲大夫矣古之所以取人者何其簡且約也後之世風俗薄惡漸不可信孔子曰今吾於人也聽其言而觀其行知詩賦之不足以決其終身也故試之論以觀其所以是非於古之人

試之策以觀其所以措置於今之世而詩賦者或以窮其所不能策論者或以掩其所不知差之毫毛輙以擯落後之所以取人者何其詳且難也夫惟簡且約故天下之士皆敦朴而忠厚詳且難故天下之士虛浮而矯激伏惟龍圖執事骨鯁大臣朝之元老憂卹天下慨然有復古之心親較多士存其大體詩賦將以觀其志而非以窮其所不能策論將以觀其才而非以掩其所不知使士大夫皆得寬然以盡其心而無有一日之間蒼皇擾亂偶得偶失之歎故君子以爲近古軾長於草野不學時文詞語甚朴無所藻飾意者執事欲抑浮剽之

文故寍 取此以矯其弊人之幸遇乃有如此感荷悚息不知所裁

韓舍人

右軾啓軾聞古者至治之世天子推恩以收天下之望有司執法以繩天下之媮蓋不推恩則無所兼容不執法則有所僥倖有司推恩而求名則侵君之權天子執法而責實則失民之望為君者常病於察為臣者又失之寛古之明天子信其臣而不惑於多言故有司執法而無所忌古之良有司憂其君而不卹於私計故天下歸怨而不敢辭况欲選材而置官是將教民而圖任唯

所利國豈容樹恩今聖上推不忍之心使賢愚皆遂其
所欲而大臣用至明之法使工拙不至於相淆嚮者哀
憐老儒故爲特奏之令憫惻連坐又開别試之塗此天
下所以詠歌至仁鼓舞盛德君臣之體夫豈同條伏惟
舍人執事爲時求材憂國忘己所圖甚遠將深計於安
危自信至明曾不牽於毁譽變苟且依違之俗去浮僞
嚚譁之文罷黜俗儒動以千計講通經術得者九人顧
兹小才偶在殊選惟天子推恩如此之厚惟大臣執法
如此之堅將天下實被其休功豈一夫獨遂其私顧感
荷激切不能自勝

范舍人

右軾啓聞之古人民無常性雖土地風氣之所稟而其
好惡則存乎其上之人文章之風惟漢為盛而貴顯暴
著者蜀人為多蓋相如唱其前而王褒繼其後峩冠曳
佩大車駟馬徜徉乎鄉閭之中而蜀人始有好文之意
絃歌之聲與鄒魯比然而二子者不聞其能有所薦達
豈其身之富貴而遂忘其徒耶嘗聞之老人自孟氏入
朝民始息肩救死扶傷不暇故數十年間學校衰息天
聖中伯父解褐西歸鄉人歎嗟觀者塞塗其後執事與
諸公相繼登於朝以文章功業聞於天下於是釋耒耜

而執筆硯者十室而九比之西劉又以遠過且蜀之郡數十軾不敢遠引其他蓋通義蜀之小州而眉山又其一縣去歲舉于禮部者凡四五十人而執事與梅公親執權衡而較之得者十有三人焉則其他可知矣夫君子之用心於天下固無所私愛而於其父母之邦苟有得之者其與之喜樂豈如行道之人漠然而已哉執事與梅公之於蜀人其始風動誘掖使聞先王之道其終度量裁置使觀　天子之光與相如王褒又甚遠矣軾也在十三人之中謹因閽吏進拜于庭以謝萬一又以賀執事之鄉人得者之多也

謝制科啓一首

右軾啓今月某日蒙恩授前件官者臨軒策士方搜絕異之材隨問獻言誤占久虚之等忽從佐縣擢與評刑內自顧於無堪凛不知其所措恭惟至治之要惟有取人之難用法者畏有司之不公故捨其平生而論其一日通變者恐人才之未盡故詳於採聽而略於臨時兹二者之相形顧兩全而未有一之於考試而掩之於倉卒所以為無私也然而才行之迹無由而深知委之於察舉而要之於久長所以為無失也然而請屬之風或因而滋長此隋唐進士之所以為有弊魏晉中正之所

以為多姦惟是賢良茂異之科兼用考試察舉之法每中年輒下明詔使兩制各舉所聞在家者能孝而恭在官者能廉而慎臨之以患難而能不變邀之以寵利而能不回既已得其行已之大方然後責其當世之要用學博者又須守約而後取文麗者或以用寡而見尤特於萬人之中求其百全之美凡與中書之召命已為天下之選人而又有不可測知之論以觀其默識之能無所不問之策以效其博通之實至於此而不去則其人之可知然猶使御史得以求其疵諫官得以考其素一陷清議輒為廢人是以始由察舉而無請謁公行之私

終用考試而無倉卒不審之患蓋其取人也如此之密則夫不肖者安得而容軾才不逮人少而自信治經獨傳於家學為文不顧於世知特以飢寒之憂出求斗升之禄不謂諸公之過聽使與群豪而並遊始不自量欲行其志遂竊俊良之舉不知氣力之微論事迂闊而不能動人讀書踈略而無以應敵取之甚愧得而益慙此蓋伏遇某官德為世之望人位為時之顯處聲稱所被四方莫不奔趨議論一加多士以為進退致茲庸末亦與甄收然而志卑處高德薄寵厚歷觀前輩由此為致君之資敢以微軀自令為許國之始過此以往未知所

裁

賀楊龍圖啓一首

右軾啓伏審新改直職擢司諫垣傳聞邇遐竦動觀聽咸謂國家之鉅福乃用諫諍之真才必能深言以補大化方今朝廷之上號為無諱而太平之美終不能全臺諫之列歲不乏人而衆弊之原猶或未去豈聽之者徒能容而不能用言之者但為名而不為功歷觀古人之效忠皆因當世而用智不務過直期於必行右尹子革因墳典而道祁招之詩左師觸龍語饘粥而及長安之質徒盡拳拳之意不求赫赫之名此仁人及物之休功

忠臣愛君之至分伏自項歲所更幾人席未暖而輒遷踵相躡而繼去一身之識固足以免矣而積歲之病當使誰去之恐習慣以為常遂因循而不振雖在僻陋顧常隱憂以為必得朴忠憂國之人而又加以辯智得君之術言苟獲用國其庶幾伏惟諫院龍圖才雄於世而常若不勝節過於人而未嘗自異素練邊事深知兵驕項持銓衡實識官冗必將舉大體而不論小事務實效而不為虛名軾最蒙深知愧無少補方傾耳以聽願續書諫苑之篇若有待而言或能著爭臣之論阻以在外無由至門踊躍之懷實倍倫等

鳳翔到任謝執政啓一首

右軾啓違去軒屏忽已改歲向風瞻戀何翅飢渴前月十四日到任翌日尋已交割訖軾本凡材繆承選取忽從州縣便與賓佐捫躬自省豈不媿幸伏自到任已來日夜厲精雖無過人庶幾寡過伏惟昭文相公素所獎庇曲加搜揚既蒙最深之知遂有自重之意所任簽署一局兼掌五曹文書内有衙司最為要事編木栰竹東下河渭飛芻輓粟西赴邊陲大河有每歲之防敗務有不蠲之課破蕩民業忽如春氷于今雖有優輕酬獎之名其實不及所費百分之一救之無術坐以自慙惟有

署置之必均姑使服勞而無怨過此以往未知所裁

賀吴副樞啓一首

頃聞休命擢領上都曾安坐之未皇已歡聲之布出即欲裁問少通勤拳以為不久當有非常之聞是以未敢輕為率爾之賀逮兹未幾果已如言釋府事之喧繁揔兵權於禁密傳聞四遠歡喜一詞伏惟某官機略足以應無方而有朴忠沉厚之量文華足以表當世而有簡素質直之風置之於都會則其為效也速而所及者廉委之於樞機則其成功也遲而所被者廣深惟賢者之處世皆以得時為至難幸而得之或已老矣今以明公

之至盛正如大川之方增天下方將以未獲之事盡付於明公明公宜愛此不貲之軀以畢其能事區區之意言不能勝

答許狀元啓一首

右軾啓伏以賢俊之士固將有以挾持富貴之來豈能爲之損益昔者在貧賤之辱所有無以異於今一朝居豪傑之先而人然後知其貴伏惟狀元簽判廷評以粹美之質負傑異之才自遠方而遊上都以一日而蓋天下士既望風而知不敵人皆歛衽而謂當然苟非素與交遊之流安敢輕爲賀問之禮不期謙抑過録庸虚忽

承㦲犢之臨皆自聽聞之誤禮非所稱娓靡自任先
皇帝未明求衣久已格於至治洮盥憑几尚不忘於
選賢膚登哲民以遺後聖雖喜車旌之召旋興弓劔
之悲臣子之心遠邇若一即日承己拜命計將就塗
念展謁之何時徒向風而永望謹奉啓陳謝不宣

東坡集卷第二十六

東坡集卷第二十六

重刊明成化本東坡七集

東坡集卷第二十七

啓三十首

謝館職啓一首

賀韓丞相啓一首

荅曾學士啓一首

賀歐陽少師致仕啓一首

賀韓丞相再入啓一首

密州到任謝執政啓一首

荅楊屯田啓二首

謝監司薦舉啓一首

徐州謝兩府啓一首

賀呂副樞啓一首

賀趙大資致仕啓一首

荅陳齋郎啓一首

賀文太尉啓一首

登州謝兩府啓一首

謝中書舍人啓一首

謝翰林學士啓一首

荅試館職人啓一首

荅李寶文啓一首

荅王欽臣啓一首
荅彭舍人啓一首
謝賈朝奉啓一首
賀范端明啓一首
荅范端明啓一首
杭州謝執政啓一首
荅杭州交代啓一首
荅莫提刑啓一首
荅王明州啓一首
謝生日詩啓一首

賀林待制啓一首

謝館職啓一首

試言無取錫命過優進貽朋友之譏退有簡書之畏靦顔就列撫已若驚國家取士之門至多而制舉號為首冠育才之地非一而册府處其最高觀其所以待之蓋亦可謂至矣知寶玉璵璠難得而易毁故篋櫝以養其全知梗楠豫章積歲而後成故封殖以待其長施等天地恩均父師恭惟　先帝臨御以來四十一載所擢賢良方正之士十有五人其志莫不欲舉明主於三代之隆其言莫不欲措天下於泰山之固大則欲興禮樂以範

來世小則欲操數術以馭四夷然而進有後先名有隱
顯命有窮達時有重輕或已踐廟堂之崇或已登侍從
之列或反流落於遠郡或尚滯留於小官或死生之乖
睽已爲陳迹或擯斥於罪戾僅夷平民雖曰功名富貴
所由之塗亦爲毁譽得喪必爭之地名重則於實難副
論高則與世常踈故雖絶異之資猶有不任之懼軾之
内顧豈不自知性任已以直前學師心而無法自始操
筆知不適時會宗伯之選掄疾時文之靡弊擢居異等
以風四方不知滿溢之憂復玷良能之舉負賢者所難
之任爭四海欲得之求其爲蠢愚可爲危慄是以一參

賔幕輙蹈危機已嘗名挂於深文不自意全於今日而況大明繼照百度惟新理財訓兵有鞭笞戎狄之志信賞必罰有追述祖宗之風凡用人歷試其能苟敗事必誅無赦此太平可待之日豈不肖兼容之時而乃度越賢豪曲收微賤縱不能力辭而就下亦當知非分以自懸此蓋伏遇某官志在斯民仁爲己任欲辨大事務兼寸尺之長將求多聞故引涓埃之助致此忝冒有踰等倫欲報無緣將何望於頑鄙遇寵知懼庶不至於惰媮

賀韓丞相啓一首

右軾啓伏審誕膺策命首冠輔臣四方聳觀萬口同慶

天下幸甚天下幸甚自古在昔治少亂多夫天將欲措
世於大安必有異人之間出使民莫不回心而向道類
非俗吏之所能方陋漢唐將追堯舜洪惟上聖之后眷
求一德之臣謂莫如公遂授以政付八音於師曠孰敢
爭能捐六轡於王良坐將致遠引領以望惟日為年恭
以昭文相公全德難名巨才不器亹亹申伯之望堂堂
漢相之風出入三朝險夷一節蕞爾種羌之叛命慨然
當亡以請行威聲所加膻穢自屏淮蔡既定而裴度相
徐方不回而召虎歸縱復遺種龍荒遊䰟沙海譬之癬
疥豈足爬搔必將訓兵擇帥而授之規摹積穀堅城而

磨以歲月破斧之惡四國實願周公之亟還折箠以鞭赤眉無煩鄧禹之久外天下是望豈惟一人即日邊徼苦寒台候何似伏冀為國善調寢興謹奉啓起居

荅曽學士啓一首

伏審祗奉詔恩榮升冊府允厭朝論增輝士林伏惟慶慰恭以聖神在御政化惟新顧龥俊之無方豈拔賢而待次賤如莘野猶為席上之珍遠若傅巖盡入彀中之選而況圭璋之質近生閥閱之家固宜首膺寤寐之求於以助成肅雍之化府判學士天資粹美儒術講明向屈處於下僚蓋避嫌而自晦屬文子之請老察少翁之

最賢撫念老成聿求義訓豈獨褒崇之盛典固將樂育於美材自顧庸虚獲聯齋舍忽捧書詞之辱益知謙德之光喜愧于心蹴踖無措

賀歐陽少師致仕啓一首

伏審抗章得謝釋位言還天眷雖隆莫奪已行之志士流太息共高難繼之風凡在庇庥共增慶慰伏以懷安天下之公患去就君子之所難世靡不知人更相笑而道不勝欲私於為身君臣之恩係縻之於前妻子之計推葺之於後至於山林之士猶有降志於垂老而況廟堂之舊欲使辭福於當年有其言而無其心有其心而

無其決愚智共蔽古今一塗是以用捨行藏仲尼獨許於顔子存亡進退周易不及於賢人自非智足以周知仁足以自愛道足以忘物之得喪志足以一氣之盛衰則孰能見幾禍福之先脫屣塵垢之外常恐兹世不見其人伏惟致政觀文少師全德難名巨材不器事業三朝之望文章百世之師功存社稷而人不知躬履艱難而節乃見縱使耄期篤老猶當就見質疑而乃力辭於未及之年退託以不能而止大勇若怯大智如愚至貴無軒冕而榮至仁不導引而壽較其所得孰與昔多軾受知最深聞道有自雖外為天下惜老成之去而私喜

明哲得保身之全伏暑向闌台候何似伏冀為時自重少慰輿情

賀韓丞相再入啓一首

伏覩詔書登庸舊德傳聞四海歡喜一辭竊以君臣之間古今異道任法而不任人則責輕而憂淺庸人之所安任人而不任法則責重而憂深賢者之所樂凡吾君所以推心忘己一切不問而聽其所為蓋其後必將責報收功三年有成而底於至治自非量足以容物智足以知人強足以濟艱難勇足以斷取捨則何以首膺民望力報主知恭惟史館相公忠誠在天德望冠世如乾

之中正挺然而純粹精如坤之六二隤然而直方大吏練三朝之用捨出入四方之險夷疲民系心有識引領必將發其藴蓄以次施行始緩獄以裕民終措刑而隆禮軾登門最舊荷顧亦深喜抃之懷實倍倫等

容州到任謝執政啓一首

蒙恩授前件差遣已於今月三日赴上訖帶山負海號為持節之邦多病無功久在散材之目授非所稱愧靡自任矧茲願治之辰方以求賢為急宜得敏銳兼人之器以副厲精更化之懷如軾者天與愚忠家傳朴學議論止於汙俗交遊謂之陳人出佐郡條薦更歲龠雖僅

脫網羅之患然卒無毫髮之稱豈伊寵榮偶及衰鈍此蓋伏遇某官股肱元聖師表萬邦欲隆太平極治之風故開兼收並採之路重使一夫之不獲特揃支郡以見收荷恩至深論報何所謹當鐫磨朽鈍箠策疲駑雖無望於功名庶少逃於罪戾過此以往未知所裁

答楊屯田啓二首

伏承枉顧寵示長書禮數過隆既匪妄庸之稱文詞深厚足為衰拙之光反復究觀愧汗交集伏惟通判屯田學深經術名重薦紳頃者劒外屈臨百里之間已是部中受賜一人之數豈伊幸會復此逢迎聽其言信仁人

之愽哉居是邦盖大夫之賢者欲報瓊瑤之貺適苦簿
書之煩言之不文永以爲好

又

向者不遺特蒙枉顧愧無琴瑟旨酒以樂我嘉賓但喜
直亮多聞真古之益友謂將繼此而得見豈意闃然而
有行伏讀誨音惟知感歎伏惟通判屯田才猷通敏學
術深純非獨東州杞梓之珎將爲清廟璠璵之寶覽臨
邊服行履要津而軾早以空疎加之衰病不緣曠官而
罷去則當引分以歸耕自茲恐遂有出處之疎故臨紙
不能無悵惘之意惟祈自重少副下情

謝監司薦舉啓一首

猥以庸虛過蒙知遇既免尤譴復加薦論自省孤危加之衰病生而賦朴野之性愚不識禍福之機但知任己以直前不復周防而慮後動觸時忌言為身災擠而去之則為有功引而進之亦或招悔自非不以利禄為意而以仁厚為心顧兹鈍頑誰肯收録伏惟某官時望至重主知已深方將長育於群材專務掩覆於小過憐其謀身之甚拙進絶望而退無歸知其為政之雖迂歲有餘而日不足特矯世俗惜之齒牙輒敢不祇畏簡書益自脩飭豈云報德茍不辱知過此以還未知所措

徐州謝兩府啓一首

移守河中已愧超陞之異改臨泗上仍叨藩鎮之雄既見吏民周覽風俗地形襟要當東南水陸之衝民食艱難正春夏旱蝗之際宜得一時之循吏以安千里之疲氓如軾者才不逮人學非適用早塵策府自知拙直之難安屢乞守符意謂苟安之善計然自徃來三郡首尾七年足蹈危機僅脫風波之險心存吏役都忘學術之源既未決於歸耕敢復求於善地伏遇某官權衡萬物高下一心頑獷悍堅實費陶鎔之力散材踈惡徒施封殖之恩謹當箠策疲駑鐫磨朽鈍上酬天造次荅己知

賀呂副樞啓　一首

伏審近膺吉命，入總樞機，中外聳觀，朝廷增重，伏惟慶慰。竊以古之爲國，權在用人，德厚者輔其才而名益隆，望重者無所爲而人自服。是以維南國先正謀於長孺，汾陽元老尚汲觀於公權，稱組可以折衝，綏靡爲之不採。哀此風流之莫繼，久矣寂寥而無聞，天亦厭於凡才，上復恩於耆德。恭惟樞密侍郎性資仁義，世濟忠嘉，豈惟清節以鎮浮，固已直言而中病。出領數郡，若將終身，小人謂之失時，君子意其復用。迨茲顯拜，夫豈偶然。然而荷三朝兩世之恩，當春秋賢者之責，推之不去，凜乎其難進伯玉而退子瑕人皆望於門下烹桑羊而斬樊噲公無愧於古人莫若盡行疇昔之言庶幾大慰天下之望輒登門最舊稱慶無緣踊躍之懷實倍倫等

賀趙大資致仕啓一首

伏審抗章得謝奉冊言還搢紳聳觀閭里相慶竊謂富貴不為至樂功名非有甚難樂莫樂於還故鄉難莫難於全大節歷數當今之卿相或寓他邦究觀自古之忠賢少有完傳錦衣而夜行者多矣狐裘而羔袖者有之至若百行渾圓五福純備當世所羡非公而誰恭惟致政大資少保道心精微德望宏遠無施不可尤高臺諫

之風所臨有聲最宜吴蜀之政才不究於大用命乃係於生民與時偕行不可則止見故人而一笑綽有餘歡念平生之百為一無可恨方將深入不二獨遊無何黙追粲可之風坐致喬松之壽軾荷知有素貪禄忘歸慕鸞鵠之高翔眷樊籠而求歎傾頌之素敷寫莫窮

荅陳齋郎啓一首

伏審祗膺寵命榮踐亨塗拜慶庭闈溢歡聲於觀者馳書士友摛華藻之燦然顧此衰羸實難當捧伏惟齋郎天資深茂學術淹通經行兩純窮達一操久困有司之尺度退從老圃於丘園陋彼素飡是聞也非達也凜然

三九一

遺直惟有之則似之假道一官權輿千里幅巾藜杖願為二老之風流甲第高門坐看諸郎之富貴欣頌之至筆舌難周

賀文太尉啓一首

伏審孚號揚庭臨軒遣使出節少府授鉞齋壇夷夏聳觀兵民交慶蓋功業盛大則極名器而後稱惟德度宏遠故舉富貴而若無蔚為三世之宗臣豈獨一時之盛事恭惟留守太尉丈丈道本天合德為人師信及三川之豚魚威加兩河之草木身任休戚言為重輕始若留侯弱冠而遇高祖晚同尚父黄髪而亮武王既奉冊書

益新民聽方將威懷北虜係頸長纓約束河公軌流故
道然後入調伊傅之鼎歸躡松喬之游輿論所期斯言
可必軾謫官有限趨侍無緣踴躍之心宣寫難盡

登州謝兩府啓一首

右軾啓蒙恩授前件官已於今月十五日到任上訖者
迂愚之守沒齒不移廢逐之餘歸田已幸豈謂承宣之
寄忽為枯朽之榮眷此東州下臨北徼俗近齊魯之厚
迹皆秦漢之陳賓出日於麗譙山川炳煥傳夕烽於海
嶠鼓角清閑顧靜樂之難名笑妄庸之竊據此蓋伏遇
某官股肱元聖師保萬民才全而德不形任重而道愈

遠謂使功不如使過而觀過足以知仁特借齒牙曲成
羽翼軾敢不服勤簿領祗畏簡書策蹇磨鈆少荅非常
之遇息黥補劓漸收無用之身過此以還未知所措

謝中書舍人啓一首

右軾啓蒙恩授前件官者起於貶所未及朞年擢置周
行遽叅法從省躬無有被寵若驚竊惟人材進退之間
實為風俗隆替之漸必欲致治在於積賢雖一薛居州
齊言不能移楚而用范武子晉盜可使奔秦崔琰進而
廉儉成風楊綰用而淫侈改度誠國是之先定雖民散
而可收拔茅茹者以彙而征附馬棧者必先其直用舍

既見好惡自明人知所趨勢有必至今朝廷方講當世之務力追前代之隆雖改定法令足以便事而未足以安民寬弛賦役足以安民而未足以成俗是以登進耆老搜求雋良將使士知向方民亦有恥如軾者山林下士軒冕弃材少而學文本聲律雕蟲之技出而從仕有狂狷嬰鱗之愚溝中不願於青黄爨下無心於宫徵誤蒙收拾已出優恩薦履禁嚴殊非素望此蓋伏遇某官德配前哲望隆本朝名重圭璋上助廟堂之用言爲著蔡下同鄉士之謀餘論所加虚名增重知丹心之尚在憐白首之無歸特借寵光以寬衰病任隆才下恩重報

輕直道而行恐非所以安愚不肖之分充位而已又不足以解卿大夫之憂蚤夜以思進退惟谷恐懼戰越不知所裁

謝翰林學士啓一首

叨奉寵恩擢居禁近任逾罷表憂與愧并内自顧於衰遲宜退安於冗散豈期晩節伏與英遊此葢伏遇某官德配先民望隆多士至誠樂與共推人物之評雅量兼容曲借齒牙之末致茲朽鈍亦踐高華方修問之未皇遽移書之見及其為感佩難盡敷陳

荅試館職人啓一首

伏承射策玉堂方觀筆陣校文天禄遂秀儒林黨友增
華搢紳共慶國家求賢之道必於閑暇無事之時賢者
報國之功乃在緩急有為之際養之無素則一旦欲用
而何由待以非常則臨事欲辭而不可故納之於英俊
相從之地觀之以世俗不見之書非獨使之業廣而材
成抑將待其資深而望重某官學優而仕行浮於名詞
令從容議論慷慨追還正始文章為之一新傳寫都城
紙墨幾於驟貴得士之喜非我敢私軾衰病侵尋文思
荒落職在翰苑當發策而莫辭識匪通儒懼品藻之不
稱過煩臨貺寵以書詞永為巾笥之珎愧乏瓊瑶之報

荅李寶文啓一首

伏審祇奉異恩遠臨全蜀奎文寶訓方入直於禁嚴井絡提封旋出分於憂顧風猷所暨謠頌率同恭惟知府寶文望重搢紳材宜廊廟譬之金石蓋闇然而日彰浩若江河固窮之而益遠西南之俗信服已深民物子來氣復岷峨之舊舟車雲集惠通秦楚之商曾未下車已聞報政輒倦游滋久寤寐懷歸空詠甘棠之思莫展維桑之敬悵焉永望言不寫心

荅王欽臣啓一首

伏審祇奉明綸特膺異選以高才望冊府以令德正僕

臣側聞除書大慰輿論伏惟太僕學士文鳴早歲學配前人豫章雖老於中林瑚璉終升於清廟萬事不理問伯始而可知三篋雖亡得安世而何患清塗方踐遠業難量愧修慶之未皇辱移書之見及感佩之至但切下懷

荅彭舍人啓一首

伏審顯膺寵命進直掖垣除目播騰輿情欣屬國家董正百官之治聿追三代之隆用事考言因名責實然而憲臺省闥無預於文詞儒館學宫不關於政理惟此六押之任要須二者之長非該通經術則不足以代王言

非曉達吏方則不足以分省事是為文士之極任豈止時人之美談果有真才來膺妙選伏惟某官道師古始識造精微學窮游夏之淵源文列傳班之伯仲自期甚厚所得寔多射策決科嘗魁天下之士犯顏逆指有古名臣之風粤從言動之司亟掌絲綸之美璠璵美質豈獨一時宗廟之華杞梓異材固為後日棟梁之用軾備員法從竊庇餘光聊陳輿誦之言少荅函封之辱其為欣佩莫究頌言

謝賈朝奉啓一首

右軾啓自蜀徂京幾四千里携孥去國蓋二十年側聞

松楸已中梁柱過而下馬空瞻董相之陵酹以隻鷄誰
副橋公之約宦游歲晚坐念涕流未報不貲之恩敢懷
盍歸之意常恐樵牧不禁行有雍門之悲雨露既濡空
引太行之望豈謂通判某官政先慈孝義篤友朋首隆
學校之師儒次訪里閭之耆舊自嗟來暮不聞拔薤之
規尚意神交特致生芻之奠父老感歎桑梓光華深衣
練冠莫克垂涕於墓道昔襦今袴尚能鼓舞於民謠仰
佩之深力占難盡

賀范端明啓一首

右軾啓恭承明詔追録舊勳名陞祕殿之嚴實遂安車

之養仍惟餘澤以及後昆聞命以還有識相慶竊謂死生之事聖賢有不能了父子之際古今以為難言方其犯雷霆於一時豈意收功名於今日惟天知我絶口不言偉事發之相重非人謀之所及恭惟致政端明學士至誠格物隱德在人弼亮四世如畢公壽考百年如衛武獨立不懼舍之則藏惟有青蒲之言尚在金縢之匱白日一照浮雲自開坐使遺民復觀盛事子孫歸沐下萬石之里門君相乞言授三老之几杖更延眉壽永作元龜軾無任歡喜頌詠激切之至

答范端明啓一首

伏審參稽古樂追述新書琢石鑄金成之有數立鈞出
度施及無窮搢紳雲集於奉常端冕天臨於便座偉兹
壯觀自我元臣竊以樂之盛衰寄於人之存否秦漢以
下鄭衛肆行雖喜三雍之成旋遘五胡之亂平陳之後
粗獲雅音天寶之中遂雜胡部道喪久矣孰能起之獨
求三代之遺聲允屬四朝之舊德恭惟致政端明文丈
耄期稱道直亮多聞進不謀安昔既以身而徇義退猶
憂國今推所學以及人豈惟盡力於考音至復傾家而
制器蓋事關於治忽必幽贊於神明得商頌十二篇於
周大師雖賢者之事也獲古磬十六枚於犍為郡豈偶

然而已哉軾本非知音之人空荷移書之辱究觀累日

喜愧兼懷徒誦詠於再三豈發明於萬一

杭州謝執政啓一首

右軾啓小器易盈宜處不爭之地大恩難報終爲有愧之人到郡浹旬汗顔數四湖山如舊魚鳥亦怪其衰殘爭訟稍稀吏民習知其遲鈍雖尚嬰於寵劇庶漸即於安閑顧此惷愚亦蒙徽倖此蓋伏遇某官輔世以德事君以仁嘉善而矜不能與人不求其備故令狂直得保始終指步武於夷途收桑榆之暮景軾敢不欽承令德推本上心政拙催科自占陽城之考姦容獄市敢師齊

相之言庶寡悔尤少償知遇

答杭州交代啓一首

右軾啓罷直禁中本緣衰病分符浙右更竊寵榮旣尋少壯之舊游復繼老成之前躅養痾卧治之所蒙成坐嘯之餘顧此鈍頑實爲忝昧伏惟知府待制宏才緯俗雅望鎮浮神馳方切於望塵心照已先於傾蓋借之餘潤成此虛名滕大夫之才豈堪治劇楚令尹之政或許告新望見有期瞻依愈切

答莫提刑啓一首

右軾啓得請江湖雖適平生之願劇煩獄市豈堪老病

之餘賴茲德大而有容愍其心勞而愈拙故於始至借以一言此蓋伏遇提刑某官威肅列城德懷雅俗雖在按臨之屬部不忘宿昔之交情豈獨敦忠厚之風抑以增衰朽之重其為感怍未易名言

答王明州啓一首

伏審奉詔牧民涖事教條清簡曾無顚指之勞吏下肅承皆有心服之敬風聲所暨鄰境為先伏惟知府龍圖迪哲而文剛中莫屈大辯若訥恥為利口之言小智自私誰識仁人之勇道不容於群枉身乃獲於退安回觀爭奪之塗日有榮枯之變坐嘯之樂勿以語人強

食自顚猶當爲國

謝生日詩啓一首

蓬矢之祥雖世俗之所尚蓼莪之感迨衰老而不忘豈謂某官意重瓊瑶文成黼黻推仁心而錫類出妙語以噓枯攝提正於孟陬已光初度月宿直於南斗更借虚名永惟難報之珍但結無窮之好

賀林待制啓一首

伏審圖舊聖時陞華法從僉言諧允有識歎咨萬木歲寒配喬松於巨柏衆星夜艾凛明月與長庚斧藻昌朝領袖後進傳聞四遠歡喜一詞恭惟某官名重弱齡望

高晚節文章爾雅蓋西漢之餘風悃愊無華亦東京之循吏凡閲四朝而後用獨爲三館之老臣著書已成特未寫之琬琰立功何晚會當收之桑榆軾交舊最深慰喜良甚尺書爲賀鄙志莫宣

東坡集卷第二十七

東坡集卷第二十八

書十一首

答安師孟書一首

與曾子固書一首

上韓魏公乞葬董傳書一首

上梅直講書一首

某官執事某每讀詩至鴟鴞讀書至君奭常竊悲周公
之不遇及觀史見孔子厄於陳蔡之間而絃歌之聲不
絕顏淵仲由之徒相與問荅夫子曰匪兕匪虎率彼曠
野吾道非邪吾何為於此顏淵曰夫子之道至大故天
下莫能容雖然不容何病不容然後見君子夫子油然
而笑曰回使爾多財吾為爾宰夫天下雖不能容而其

徒自足以相樂如此乃今知周公之富貴有不如夫子之貧賤夫以召公之賢以管蔡之親而不知其心則周公誰與樂其富貴而夫子之所與共貧賤者皆天下之賢才則亦足與樂乎此矣軾七八歲時始知讀書聞今天下有歐陽公者其為人如古孟軻韓愈之徒而又有梅公者從之遊而與之上下其議論其後益壯始能讀其文詞想見其為人意其飄然脱去世俗之樂而自樂其樂也方學為對偶聲律之文求斗升之禄自度無以進見於諸公之間來京師逾年未嘗窺其門今年春天下之士群至于禮部執事與歐陽公寔親試之誠不自

四、二十五

意獲在第二既而聞之人執事愛其文以為有孟軻之風而歐陽公亦以其能不為世俗之文也而取焉是以在此非左右為之先容非親舊為之請屬而嚮之十餘年間聞其名而不得見者一朝為知已退而思之人不可以苟富貴亦不可以徒貧賤有大賢焉而為其徒則亦足恃矣苟其僥一時之幸從車騎數十人使閭巷小民聚觀而賛嘆之亦何以易此樂也傳曰不怨天不尤人蓋優哉游哉可以卒歲執事名滿天下而位不過五品其容色溫然而不怒其文章寬厚敦朴而無怨言此必有所樂乎斯道也軾願與聞焉

上韓太尉書一首

軾生三十有二年矣自七八歲知讀書及壯大不能曉習時事獨好觀前世盛衰之迹與其一時風俗之變自三代以來頗能論著以為西漢之衰其大臣守尋常不務大略東漢之末士大夫多奇節而不循正道元成之間天下無事公卿將相安其禄位顧其子孫各欲樹私恩買田宅為不可動之計抵回畏避以苟歲月而皆依放儒術六經之言而取其近似者以為口實孔子曰惡居下流而訕上惡訐以為直而劉歆谷永之徒又相與彌縫其闕而緣飾之故其衰也靡靡然如蛟龍釋其風雲

之勞而安於豢畜之樂終以不悟使其肩披股裂登於
匹夫之俎豈不悲哉其後桓靈之君懲往昔之弊而欲
樹人主之威權故頗用嚴刑以督責臣下忠臣義士不
容於朝廷故群起於草野相與力為險怪驚世之行使
天下豪俊奔走於其門得為之執鞭而其自喜不啻若
卿相之榮於是天下之士囂然皆有無用之虛名而不
適於實効故其亡也如人之病狂不知堂宇宮室之為
安而號呼奔走以自顛仆昔者太公治齊舉賢而尚功
周公曰後世必有篡弑之臣周公治魯親親而尊尊太
公曰後世浸微矣漢之事迹誠大類此豈其當時公卿

士大夫之行與其風俗之剛柔各有以致之邪古之君子剛毅正直而守之以寬忠恕仁厚而發之以義故其在朝廷則士大夫皆自洗濯磨淬戮力於王事而不敢為非常可怪之行此三代王政之所由興也曾子曰上失其道民散久矣天下之人幸而有不為阿附苟容之事者則務為倜儻矯異求如東漢之君子惟恐不及可悲也已軾自幼時聞富公與太尉皆號為寬厚長者然終不可犯以非義及來京師而二公同時在兩府愚不能知其心竊於道塗望其容貌寬然如有容見惡不怒見善不喜豈古所謂大臣者歟夫循循者固不能有所

為而翹翹者又非聖人之中道是以願見太尉得聞一言足矣太尉與大人最厚而又嘗辱問其姓名此尤不可以不見今已後矣不宣軾再拜

上富丞相書一首

軾聞之進說於人者必其人之有間而可入則其說易行戰國之人貪天下之士因其貪而說之危國之人懼天下之士因其懼而說之是故其說易行古之人一說而合至有立談之間而取公相者未嘗不始於戰國危國何則有間而可入也居今之世而欲進說於明公之前不得其間而求入焉則亦可謂天下之至愚無知者

矣地方萬里而制於一姓極天下之尊而盡天下之富不可以有加矣而明公為之宰四夷不作兵革不試是明公無貪於得而無懼於失也方西戎之熾也狄人乘間以跨吾北中國之大不畏而畏明公之一詞是明公之勇冠於天下也明公居於山東而傾河朔之流人父弃其子夫弃其妻而自歸於明公者百餘萬明公人人而食之旦旦而撫之此百萬人者出於溝壑之中而免於烏鳶豺狼之患生得以養其父母而祭其祖考死得以使其子孫葬埋祭祀不失其故常是明公之仁及於百世也勇冠於天下而仁及於百世士之生於世如此

四、三五

亦足矣今也處於至足之勢則是明公無復有所羨慕

於天下之功名也五帝三代之事百家之書莫不盡讀

禮樂刑政之大小兵農財賦之盛衰四海之内地里之

遠近山川之嶮易物土之所宜莫不盡知當世之賢人

君子與夫姦偽嶮詐之徒莫不盡究至於曲學小數茫

昧懺怳而不可知者皆獵其華而咀其英泛其流而涉

其源雖自謂當世之辯不能傲之以其所不知則是明

公無復有所畏憚於天下之博學也名為天下之賢人

而貴為天子之宰無貪於得而無懼於失無羨於功名

而無畏於博學是其果無間而可入也天下之士果不

可以進説也軾也聞之楚左史倚相曰昔衛武公年九十有五猶日箴儆於國曰自卿以下至於官師苟在朝者無謂我老耄而舍我朝夕以交戒我猶以為未也而作詩以自戒其詩曰抑抑威儀惟德之隅夫衛武公惟居於至足而日以為不足故其没也謚之曰睿聖武公嗟夫明公豈以其至足而無閒以拒天下之士則士之進説者亦何必其閒之入哉不然軾將誦其所聞而明公試觀之夫天下之小人所為奔走輻湊於大人之門而為之用者何也大人得其全小人得其偏大人得其全故能兼受而獨制小人得其偏是以聚而求合於大

四、二五

人之門古之聖人惟其聚天下之偏而各收其用以為
非偏則莫肯聚也是故不以其全而責其偏夫惟全者
之不可以多有也故天下之偏者惟全之求今以其全
而責其偏夫彼若能全將亦為我而已矣又何求焉昔
者夫子廉絜而不為異衆之行勇敢而不為過物之操
孝而不徇其親忠而不犯其君凡此者是夫子之全也
原憲廉而至於貧公良孺勇而至於鬬曾子孝而徇其
親子路忠而犯其君凡此者是數子之偏也夫子居其
全而收天下之偏是以若此巍巍也若夫明公其亦可
謂天下之全矣廉而天下不以為介直而天下不以為

許剛健而不爲強敦厚而不爲弱此明公之所得之於天而天下之所不可望於明公者也明公居其全天下效其偏其誰曰不可異時士大夫皆喜爲卓越之行而世亦貴狡悍之才自明公執政而朝廷之間習爲中道而務循於規矩士之矯飾力行爲異者衆必共笑之夫卓越之行非至行也而有取於世狡悍之才非眞才也而有用於天下此古之全人所以坐而收其功也今天下卓越之行狡悍之才舉不敢至於明公之門懼以其不純而獲罪於門下軾之不肖竊以爲天下之未大治兵之未振財之未豐天下之有望於明公而未獲者其

或由此也歟昔范公收天下之士不考其素苟可用者莫不咸在雖其狂獧無行之徒亦自效於下風而范公亦躬為詭特之操以震之夫范公之取人者是也其自為者非也伏惟明公以天下之全而自居去其短而襲其長以收功於無窮軾也西南之匹夫求斗升之禄而至於京師翰林歐陽公不知其不肖使與於制舉之末而發其猖狂之論是以輒進說於左右以為明公必能容之所進策論五十篇貧不能盡寫而致其半觀其大略幸甚

上曾丞相書一首

軾聞之將有求於人而其説不誠則難以望其有合矣世之奇特之士其處也莫不為異衆之行而其出也莫不為怪詭之詞比物引類以摇撼當世理不可化則欲以勢劫之將以術售其身古之君子有韓子者其為説曰王公大人不可以無貧賤之士居其下風而推其後大其聲名而久其傳雖其貴賤之闊絶而其相須之急不啻若左右手嗚呼果其用是説也則夫世之君子所為老死而不遇者無足怪矣今夫扣之者急則應之者疑其詞夸則其實必有所不副今吾以為王公大人不可以一日而無吾也彼將退而考其實則亦無乃未至

於此耶昔者漢高未嘗喜儒而不失爲明君衛霍未嘗薦士而不失爲賢公卿吾將以吾之説而彼將以彼之説彼是相拒而不得其歡心故貴賤之間終不可以合而道終不可以行何者其扣之急而其詞夸也鬻千金之璧者不之於肆而願觀者塞其門觀之歎息而主人無言焉非不能言知言之無加也今世不幸而坐於五達之衢又呶呶焉自以爲希世之珍過者不顧執其裾而強觀之則其所鬻者可知矣王公大人其無意於天下後世者亦安以求爲也苟其不然則士之過於其前而有動於其目者彼將褰裳疾行而攫取之故凡皇皇

汲汲者舉非吾事也昔者嘗聞明公之風矣以大臣之子孫而取天下之高第才足以過人而自視缺然常若不足安於小官而樂於恬淡方其在太學之中衣繒飯糗若將終身至於德發而不可掩名高而不可抑貴為天子之少宰而其自視不加於其舊之錙銖其度量宏達至於如此此其尤不可以夸詞而急扣者也軾不佞自為學至今十有五年以為凡學之難者難於無私無私之難者難於通萬物之理故不通乎萬物之理雖欲無私不可得也已好則好之已惡則惡之以是自信則惑也是故幽居默處而觀萬物之變盡其自然之理而

斷之於中其所不然者雖古之所謂賢人之說亦有所不取雖以此自信而亦以此自知其不悅於世也故其言語文章未甞輙至於公相之門今也　天子舉直諫之士而兩制過聽謬以其名聞竊以為與於此者皆有求於吾君吾相者也故亦有獻其文凡十篇而書為之先惟所裁擇幸甚

應制舉上兩制書一首

軾聞古者有貴賤之際有聖賢之分二者相勝而不可以相參其勢然也治其貴賤之際則不知聖賢之為高行其聖賢之分則不知貴賤之為差昔者子思孟軻之

徒不見諸侯而耕於野比閭小吏一呼於其門則攝衣而從之至於齊魯千乘之君操幣執摯因門人以願交於下風則閉門而不納此非苟以為異而已將以明乎聖賢之分而不參於貴賤之際故其攝衣而從之也君子不以為畏而其閉門而拒之也君子不以為傲何則其分定也士之賢不肖固有之矣子思孟軻不可以人人而求之然而貴賤之際聖賢之分二者要以不可不知也世衰道喪不能深明於斯二者而錯行之施之不得其處故其道兩亡今夫軾朝生於草茅塵土之中而夕與於州縣之小吏其官爵勢力不足較於世亦明矣

而諸公之貴至與人主揖讓周旋而無間大車駟馬至於門者逡巡而不敢入軾也非有公事而輒至於庭求以賓客之禮見於下執事固已獲罪於貴賤之際矣雖然當世之君子不以其愚陋而使與於制舉之末朝廷之上不以其踈賤而使奏其猖狂之論軾亦自忘其不肖而以為是兩漢之主所孜孜而求之親降色辭而問之政者也其才雖不足以庶幾於聖賢之間而學其道治其言則所守者其分也是故踽踽然而來仰不知明公之尊而俯不知其身之賤不由紹介不待辭讓而直言當世之故無所委曲者以為貴賤之際非所以施於

此也軾聞治事不若治人治人不若治法治法不若治
時時者國之所以存亡天下之所最重也周之衰也時
人莫不苟媮而不立周雖欲其立而不可得也故周亡
秦之衰也時人莫不貪利而不仁秦雖欲其仁而不可
得也故秦亡西漢之衰也時人莫不柔懦而謹畏故君
臣相蒙而至於危東漢之衰也時人莫不矯激而奮厲
故賢不肖不相容以至於亂夫時者豈其所自為邪王
公大人實為之軾將論其時之病而以為其權在諸公
諸公之所好天下莫不好諸公之所惡天下莫不惡故
軾敢以今之所患二者告於下執事其一曰用法太密

而不求情其二曰好名太高而不適實此二者時之大
患也何謂用法太密而不求情昔者天下未平而法不
立則人行其私意仁者遂其仁勇者致其勇君子小人
莫不以其意從事而不困於繩墨之間故易以有功而
亦易以亂及其治也天下莫不趨於法不敢用其私意
而惟法之知故雖賢者所為要以如法而止不敢於法
律之外有所措意夫人勝法則法為虛器法勝人則人
為備位人與法並行而不相勝則天下安今自一命以
上至於宰相皆以奉法循令為稱其職拱手而任法曰
吾豈得自由哉法既大行故人為備位其成也其敗也

其治也其亂也天下皆曰非我也法也法之弊豈不亦甚矣哉昔者漢高之時留侯為太子少傅位於叔孫之後而周昌亦自御史大夫為諸侯相天下有緩急則功臣左遷而不怨此亦知其君臣之懽不以法而相持也今天下所以任法者何也任法生於自疑自疑生於多私惟天下之無私則能於法律之外有以效其智何則其自信明也夫唐永泰之間姦臣執政政以賄成德宗發憤而用常袞袞一切用法四方奏請莫有獲者然天下否塞賢愚不分君子不以為能也崔祐甫為相不至朞年而除吏八百多其親舊或者以為譏祐甫曰不然

非親與舊則安得而知之顧其所用如何爾君子以為善用法今天下泛泛焉莫有深思遠慮者皆任法之過也何謂好名太高而不適實昔者聖人之為天下使人各致其能以相濟也不一則不專不專則不能自堯舜之時而伯夷后夔稷契之倫皆不過名一藝辦一職以盡其能至於子孫世守其業而不遷夔不敢自與於知禮而契不敢自任於播種至於三代之際亦各輔其才而安其習以不相犯躐凡書傳所載者自非聖人皆止於名一藝辦一職故其藝未嘗不精而其職未嘗不舉後世之所希望而不可及者由此故也下而至於漢其

君子各務其所長以相左右故史之所記武宣之際自公孫魏邴以下皆不過以一能稱於當世夫人各有才才各有小大大者安其大而無忽於小小者樂其小而無慕於大是以各適其用而不喪其所長及至後世上失其道而天下之士皆有侈心恥以一藝自名而欲盡天下之能事是故喪其所長而至於無用今之士大夫其實病此也仕者莫不談王道述禮樂皆欲復三代追堯舜終於不可行而世務因以不舉學者莫不論天人推性命終於不可究而世教因以不明自許太高而措意太廣太高則無用太廣則無功是故賢人君子布於

天下而事不立聽其言則侈大而可樂責其效則汗漫而無當此皆好名之過深惟古之聖賢建功立業興利捍患至於百工小民之事皆有可觀不若今世之因循鹵莽其故出於此二者歟伏惟明公才略之宏偉度量之寬厚學術之廣博聲名之煒燁冠於一時而振於百世百世之所望而正者意有所向則天下奔走而趨之則其慇時憂世之心或有取於斯言也軾將有深於此者而未敢言焉不宣軾再拜

上劉侍讀書一首

軾聞天下之所少者非才也才滿於天下而事不立天

下之所少者非才也氣也何謂氣曰是不可名者也若
有鬼神焉而陰相之今夫事之利害計之得失天下之
能者舉知之而不能辨能辨其小而不能辨其大則氣
有所不足也夫氣之所加則已大而物小於是乎受其
至大而不爲之驚納其至繁而不爲之亂任其至難而
不爲之憂享其至樂而不爲之蕩是氣也受之於天得
之於不可知之間傑然有以蓋天下之人而出萬物之
上非有君長之位殺奪施與之權而天下環嚮而歸之
此必有所得者矣多才而敗者世之所謂不幸者也若
無能焉而每以成者世之所謂天幸者也夫幸與不幸

君子之論不施於成敗之間而施於窮達之際故凡所以成者其氣也其所以敗者其才也氣不能守其才則焉往而不敗世之所以多敗者皆知求其才而不知論其氣也若夫明公其亦有所得矣軾非敢以虚辭而曲說誠有所見焉耳夫天下有分得其分則安非其分而以一毫取於人則群起而爭之天下有無窮之利自一命以上至於公相其利可愛其塗甚夷設為科條而待天下之擇取然天下之人翹足跂首而群望之逡巡而不敢進者何也其分有所止也天下有無功而遷一級者則衆指之矣遷者不容於下遷之者不容於上而況

其甚者乎明公起於徒步之中執五寸之翰書方尺之
簡而列於士大夫之上橫翔捷出冠壓百吏而為之表
獨以為未也而加之師友之職付之全秦之地方千
里則古之方伯連帥所不能有也東障崤澠北跨河渭
南僻巴蜀西控戎夏則古之秦昭王商君白起之徒所
以殫身殘民百戰而有之者也奮臂而取兩制不十餘
年而天下不以為速非有汗馬之勞米鹽之能以擅富
貴之美而天下不以為無功抗顏高議自以無前而天
下不以為無讓此其氣固有以大服於天下矣天下無
大事也天下而有大事非其氣之過人者則誰實辨之

軾遠方之鄙人遊於京師聞明公之風幸其未至於公相而猶可以誦其才氣之盛美而庶幾於知言惜其將遂西去而不得從也故請問於門下以願望見其風采不宣軾再拜

上韓魏公論場務書一首

軾再拜獻書昭文相公執事軾得從官於西嘗以為當今制置西事其大者未便非痛整齊之其勢不足以久安未可以隨歒而挂隨壞而補也然而其事宏闊浩汗非可以倉卒輕言者今之所論特欲救一時之急解朝夕之患耳往者寶元以前秦人之富強可知也中戸不

可以畝計而計以頃上戶不可以頃計而計以賦耕於野者不願為公侯藏於民家者多於府庫也然而一經元昊之變氷消火燎十不存三四今之所謂富民者嚮之僕隷也今之所謂蓄聚者嚮之殘弃也然而不知昊賊之遺種其將永世而臣伏邪其亦有時而不臣也以向之民力堅完百倍而不能支以今之傷殘之餘而能辦者軾所不識也夫平安無事之時不務多方優裕其民使其氣力渾厚足以勝任縣官權時一切之政而欲一旦納之於患難軾恐外憂未去而內憂乘之也鳳翔京兆此兩郡者陝西之囊橐也今使有變則緣邊被兵

之郡知戰守而已戰而無食則北守而無財則散使戰不北守不散其權固在此兩郡也軾官於鳳翔見民之所最畏者莫若衙前之役自其家之甕盎釜甑以上計之長役及十千鄉戶及二十千皆占役一分所謂一分者名為糜錢十千可辦而其實皆十五六千至二十千而多者至不可勝計也科役之法雖始於上戶然至於不足則遞取其次最下至於家貲及二百千者於法皆可科自近歲以來凡所科者鮮有能大過二百千者也夫為王民自甕盎釜甑以上計之而不能滿二百千則何以為民今也及二百千則不免焉民之窮困亦可知

矣然而縣官之事歲以二千四百分為計所謂優輕而
可以償其勞者不能六百分而捕獲強惡者願入焉適
發贓弊者願入焉是二千四百分者衙前之所獨任而
六百分者未能純被於衙前也民之窮困又可知矣今
之最便惟重難日損優輕日增則民尚可以生此軾之
所為區區議以官榷與民也其詳固已具於府之所錄
以聞者從軾之說而盡以予民失錢之以貫計者軾嘗
粗較之歲不過二萬失之於酒課而償之於稅緡是二
萬者未得為全失也就使為全失二萬均多補少要
以共足此一轉運使之所辦也如使民日益困窮而無告

異日無以待倉卒意外之患則雖復歲歲得千萬無益於敗此賢將帥之所畏也軾以為陛下新御宇內方求所以為千萬年之計者必不肯以一轉運使之所能辦而易賢將帥之所畏況於相公才略冠世不牽於俗人之論乃者變易茶法至今以為不便者十人而九相公尚不顧行之益堅今此事至小一言可決去歲赦書使官自買木關中之民始知有生意嚮非相公果斷而力行必且下三司三司固不許幸而許必且下本路本路下諸郡或以為可或以為不可然後監司類聚其說而參酌之比復於朝廷固已朞歲矣其行不行又未可知也

如此而民何望乎方今山陵事起日費千金軾乃於此時議以官權與民其為迂闊取笑可知矣然竊以為古人之所以大過人者惟能於擾攘急迫之中行寬大閑暇久長之政此天下所以不測而大服也朝廷自數十年以來取之無術用之無度是以民日困官日貧一旦有大故則政出一切不復有所擇此從來不革之過今日之所宜深懲而永慮也山陵之功不過歲終一切之政當訖事而罷明年之春則陛下逾年即位改元之歲必將首行王道以風天下及今使郡吏議之減定其數當復以聞則言之今其時矣伏惟相公留意千萬幸甚

上蔡省主論放欠書一首

軾於門下蹤迹絶踈然私自揆度亦似見知於明公者尋常無因緣固不敢造次致書今既有所欲言而又默默拘於流俗人之議以為迹踈不當干説則是謂明公亦如凡人拘於踈密之分者竊以為不然故輙有所言不顧惟少留聽軾於府中實掌理欠自今歲麥熟以來日與小民結為嫌恨鞭笞鏁繫與縣官日得千百錢固不敢憚也彼寔侵盜欺官而不以時償雖日撻無愧然其間有甚足悲者或管押竹木風水之所漂或主持粮斛歲久之所壞或布帛惡弱估剥以為虧官或糟滓潰

爛紐計以為實欠或未輸之贓責於當時主典之吏或敗折之課均於保任干繫之家官吏上下舉知其非辜而哀其不幸迫於條憲勢不得釋朝廷亦深知其無告也是以每赦必及焉凡今之所追呼鞭撻日夜不得休息者皆更數赦遠者六七赦矣問其所以不得釋之狀則皆曰吾無錢以與三司之曹吏以為不信而考諸舊籍則有事同而先釋者矣曰此有錢者也嗟夫天下之人以為言出而莫敢逆者莫若天子之詔書也今詔書且已許之而三司之曹吏獨不許是猶可忍邪伏惟明公在上必不容此輩故敢以告凡四十六條二百二十

五人錢七萬四百五十九千粟米三千八百三十斛其餘炭鐵𨱆用材木冗雜之物甚衆皆經監司選吏詳定灼然可放者軾已具列聞於本府府當以奏奏且下三司議者皆曰必不報雖報必無決然了絕之命軾以爲不然往年韓中丞詳定放欠以爲赦書所放必待其家業蕩盡以至於干繫保人亦無孑遺可償者又當計赦後月日以爲放數如此則所及甚少不稱天子一切寬貸之意自今苟無所隱欺者一切除免不同其他以此知今之所奏者皆可放無疑也伏惟明公獨斷而力行之使此二百二十五家皆得歸安其藜糗養其老幼日

晏而起吏不至門以歌詠明公之德亦使赦書不為空言而無信者干冒威重退增恐悚

荅安師孟書一首

辱書為貺過厚吾子自以美才積學取榮名於當時所宜得者平生之師友朝夕相與講學者也如軾何與焉然吾子之於軾其得失休戚軾所宜知何者其勢足以相及也嚮也聞七子者之失悦然如軾之有失也既乃聞吾子之得則亦如軾之有得也今吾子書來以為自為喜者少而為軾喜者多甚矣吾子之見愛也然彼七子者豈以一失為戚哉彼將退治其所有益廣而新之

則吾猶有望焉若吾子既得不驕而日知其所不足則軾之所得又將有大者也

與曾子固書一首

軾叩頭泣血言軾負罪至大茍生朝夕不自屏竄輙通書問於朋友故舊之門者伏念軾逮事祖父祖父之沒軾年十二矣固能記憶其為人又甞見先君欲求人為撰墓碣雖不指言所屬然私揣其意欲得子固之文也京師人事擾擾而先君亦不自料止於此嗚呼軾尚忍言之今年四月軾既護喪還家未葬偶與弟轍閲家中舊書見先君子自疏録祖父事迹數紙似欲為行狀未

成者知其意未嘗不在於此也因自思念恐亦一旦卒然則先君之意永已不遂謹即其遺書粗加整齊為行狀以授同年兄鄧君文約以告於下執事伏惟哀憐而幸許之豈惟罪逆遺孤之幸抑先君有知實寵綏之軾不任哀祈懇切之至

上韓魏公乞葬董傳書一首

軾再拜近得秦中故人書報進士董傳三月中病死軾往歲官岐下始識傳至今七八年知之熟矣其為人不通曉世事然酷嗜讀書其文字蕭然有出塵之姿至詩與楚詞則求之於世可與傳比者不過數人此固不待

軾言公自知之然傳甞望公不為力致一官軾私心以
為公非有所愛也知傳所稟付至薄不任官耳今年正
月軾過岐下而傳居喪二曲使人問訊其家而傳徑至
長安見軾於傳舍道其飢寒窮苦之狀以為幾死者數
矣賴公而存又且薦我於朝吾平生無妻近有彭駕部
者聞公薦我許嫁我其妹若免喪得一官又且有妻不
虛作一世人皆公之賜軾既為傳喜且私憂之此二事
生人之常理而在傳則為非常之福恐不能就今傳果
死悲夫書生之窮薄至於如此其極耶夫傳之才器固
不通於世用然譬之象犀珠玉雖無補於飢寒要不可

使在塗泥中此公所以終薦傳也今父子暴骨僧寺中孀母弱弟自謀口腹不暇決不能葬軾與之故舊在京師者數人相與出錢賻其家而氣力微薄不能有所濟甚可憫笑公若猶憐之不敢望其他度可以葬傳者足矣陳繹學士當徃涇州而宋迪度支在岐下公若有以賜之軾且斂衆人之賻弁以予陳而致之宋使葬之有餘以予其家傳平生所為文當使人就其家取之若獲當獻諸公干冒左右無任戰越

東坡集卷第二十八

一八四

東坡集卷第二十九

書十首

上韓丞相論災傷手實書一首

上文侍中論強盜賞錢書一首

上文侍中論榷鹽書一首

荅舒煥書一首

荅黃魯直書一首

荅宋寺丞書一首

黃州上文潞公書一首

謝張太保撰先人墓碣書一首

與章子厚書一首

荅李端叔書一首

東坡集卷第二十九

書一十首

上韓丞相論災傷手實書一首

史館相公執事軾到郡二十餘日矣民物椎魯過客稀少眞愚拙所宜久處也然災傷之餘民既病矣自入境見民以蒿蔓裹蝗蟲而瘞之道左纍纍相望者二百餘里捕殺之數聞于官者幾三萬斛然吏皆言蝗不為災甚者或言為民除草使蝗果為民除草民將祝而來之豈忍殺乎軾近在錢塘見飛蝗自西北來聲亂浙江之濤上翳日月下掩草木遇其所落彌

望蕭然此京東餘波及淮浙者耳而京東獨言蝗不為災將以誰欺乎郡已上章詳論之矣願公少信其言特與量蠲秋税或與倚閣青苗錢踈遠小臣胥領不足以薦鈇鉞豈敢以非災之蝗上罔　朝廷乎若必不信方且重復檢按則饑羸之民索之於溝壑間矣且民非獨病旱蝗也方田均税之患行道之人舉知之税之不均也久矣然而民安其舊無所歸怨今乃用一切之法成於朞月之間奪甲與乙其不均又甚於昔者而民之怨始有所歸矣今又行手實之法雖其條目委曲不一然大抵特告訐耳昔之為天下

者惡告訐之亂俗也故有不干己之法非盜及強姦
不得捕告其後稍稍失前人之意漸開告訐之門而
今之法揭賞以求人過者十常八九夫告訐之人未
有非凶姦無良者異時州縣所共疾惡多方去之然
後良民乃得而安今乃以厚賞招而用之豈
吾君敦化相公行道之本意歟凡為此者欲以均出
役錢耳免役之法其經久利病軾所不敢言也 朝
廷必欲推而行之尚可擇其簡易為害不深者軾以
為定簿便當即用五等古法惟第四等五等分上中
下昔之定簿者為役役未至雖有不當民不爭也役

至而後許耳故簿不可用今之定簿者為錢民知當戸出錢也則不容有大繆矣其名次細別或未盡其詳然至於等第蓋已略得其實輒以為如是足矣但當先定役錢所須幾何預為至少之數以賦其下五等（下五等謂第四等上中下第五等上中也此五等舊役至輕須令出錢至少乃可第五等下更不當出分文）其餘委自令佐度三等以上民力之所任者而分與之夫三等以上錢物之數雖其親戚不能周知至於物力之厚薄則令佐之稍有才者可以意度也借如某縣第一等凡若干戶度其力共可以出錢若干則悉召之庭以其數予之不戶別也令民自相差

擇以次分占盡數而已第二等則逐鄉分之凡某鄉之第二等若干戶度其力可以共出錢若干召而分之如第一等第三等亦如之彼其族居相望貧富相悉利害相形不容獨有僥倖者也相推相詰不一二日自定矣若析戶則均分役錢典賣則著所割役錢於契要使其子孫與買者各以其名附舊戶供官至三年造簿則不復用舉從其新如此而　朝廷又何求乎所謂浮財者決不能知其數凡告者亦意之而已意之而中其賞不貲不中杖六十至八十極矣小人何畏而不爲乎近者軍器監須牛皮亦用告賞農

民喪牛甚於喪子老弱婦女之家報官稍緩則撻而
責之錢數十千以與浮浪之人其歸為牛皮而已何
至是乎軾在錢塘每執筆斷犯鹽者未嘗不流涕也
自到京東見官不賣鹽獄中無鹽囚道上無遷鄉配
流之民私竊喜幸近者復得漕檄令相度所謂王伯
瑜者欲變京東河北鹽法置市易鹽務利害不覺慨
然太息也密州之鹽歲收稅錢二千八百餘萬為鹽
一百九十餘萬秤此特一郡之數耳所謂市易鹽務
者度能盡買此乎苟不能盡民肯捨而不煎煎而不
私賣乎頃者兩浙之民以鹽得罪者歲萬七千人終

不能禁京東之民得於兩浙遂甚恐非獨萬七千人而已縱使官能盡買又須盡賞而後可苟不能盡其存者與糞土何異其害又未可以一二言也願公救之於未行若已行其孰能已之哉不敢論事久矣今若守郡民之利病其勢有以見及又聞自京師來者與言公深有拯救斯民爲社稷長計遠慮之意故不自揆復發其狂言可則行之否則置之願無聞於人使孤危衰廢之蹤重得罪於世也干冒威重不勝戰慄

上大夫侍中論强盜賞錢書一首

三八九

軾再拜軾備員偏州民事甚簡但風俗武悍恃好強
劫加以比歲荐饑椎剽之姦殆無虛日自軾至此明
立購賞隨獲隨給人用競勸盜亦斂迹準法獲強盜
一人至死者給五十千流以下半之近有旨災傷之
歲皆降一等既降一等則當復減半自流以下得十
二千五百而已凡獲一賊告與捕者率常不下四五
人不勝則為盜所害幸而勝則凡為盜者舉讎之其
難如此而使四五人者分十二千五百以捐其軀命
可乎 朝廷所以深惡強盜者為其志不善張而不
已可以馴致勝廣之資也由此言之五十千豈足道

哉夫災傷之歲尤宜急於盜賊今歲之民上戶皆闕
食冬春之交恐必有流亡之憂若又縱盜而不捕則
郡縣之憂非不肖所能任也欲具以聞上而人微言
輕恐不見省向見報明公所言無不立從東武之民
雖非所部明公以天下為度必不聞也故敢以告比
來士大夫好輕議舊法皆未習事之人知其一不知
其二者也常竊怪司農寺所行文書措置郡縣事多
出於本寺官吏一時之意遂與制勅並行近者令諸
郡守根究衙前重難應緣此毀弃官文書者皆科違
制且不用赦降原免考其前後初不被旨謹案律文

毁棄官文書重害者徒一年今科違制即是增損舊律令也不用赦降原免即是衝改新制書也豈有增損舊律令衝改新制書而天子不知三公不與有司得專之者今監司郡縣皆恬然受而行之莫敢辨此軾之所深不識也昔袁紹不肯迎天子以謂若迎天子以自近則每事表聞從之則權輕不從則拒命非計之善也夫不請而行袁紹之所難也而况守職奉上者乎今聖人在上　朝廷清明雖萬無此虞司農所行意其出於偶然或已嘗被旨而失於開坐皆不可知但不請而行其漸不可開耳軾愚惷無狀孤危

之跡日以岌岌夙蒙明公奬與過分竊懷憂國之心聊復一發於左右猶幸明公密之無重其罪戾也

上文侍中論權鹽書一首

留守侍中執事當今天下勳德俱高為主上所倚信望實兼隆為士民所責望受恩三世宜與社稷同憂皆無如明公者今雖在外事有關於安危而非職之所憂者猶當盡力爭之而況其事關本職而憂及生民者乎竊意明公必已言之而人不知若猶未也則願效其愚頃者三司使章惇建言乞權河北京東鹽 朝廷遣使案視召周革入覲已有成議矣惇之

言曰河北與陝西皆為邊防而河北獨不榷鹽此
祖宗一時之誤恩也軾以為陝西之鹽與京東河北
不同解池廣袤不過數十里既不可捐以予民而官
亦易以籠取青鹽至自虜中有可禁止之道然猶法
存而實不行城門之外公食青鹽今東北循海皆鹽
也其欲籠而取之正與淮南兩浙無異軾在餘杭時
見兩浙之民以犯鹽得罪者一歲至萬七千人而莫
能止姦民以兵仗護送吏士不敢近者常以數百人
為輩特不為他盜故上下通知而不以聞耳東北之
人悍於淮浙遠甚平居椎剽之姦常甲於他路一旦

榷監則其禍未易以一二數也由此觀之　祖宗以
來獨不榷河北監者正事之適宜耳何名為誤哉且
榷監雖有故事然要以為非王政也陝西淮浙既未
能罷又欲使京東河北隨之此猶患風痺人曰吾左
臂既病矣右臂何為獨完則以酒色伐之可乎今議
者曰吾之法與淮浙不同淮浙之民所以不免於私
販而竈戸所以不免於私賣者以官之買價賤而賣
價貴耳今吾賤買而賤賣借如每斤官以三錢得之
則以四錢出之監商私買於竈戸利其賤耳賤不能
減三錢竈戸均為得三錢也寍以予官乎將以予私

四之一四

商而犯法乎此必不犯之道也此無異於兒童之見

東海皆監也苟民力之所及未有捨而不煎煎而不

賣者也而近歲官錢常若窘迫遇其急時百用横生

以有限之錢買無窮之監竈戶有朝夕薪米之憂而

官錢在朞月之後則其利必歸於私販無疑也食之

於監非若饑之於五穀也五穀之乏至於節口并日

而况監乎故私販法重而官監貴則民之貧而懦者

或不食監往在浙中見山谷之人有數月食無監者

今將榷之東北之俗必不如往日之嗜鹹也而望官

課之不虧踈矣且淮浙官監本輕而利重雖有積滯

官未病也今以三錢為本一錢為利自祿吏購賞修築敖庾之外所獲無幾矣一有積滯不行官之所喪可勝計哉失民而得財明者不為況民財兩失者乎且禍莫大於作始作俑之漸至於用人今兩路未有監禁也故變之難遣使會議經年而未果自古作事欲速而不取衆議未有如今日者也然猶遲久如此以明作始之難也今既已權之矣則他日國用不足添價責賣有司以為熟事行半紙文書而決矣且明公能必其不添乎非獨明公不能也今之執政能自必乎苟不可必則兩路之禍自今日始夫東北之蠹

衣被天下蠹不可無監而議者輕欲奪之是病天下
也明公可不深哀而速救之歟或者以為　朝廷既
有成議矣雖爭之必不從竊以為不然乃者手實造
簿方赫然行法之際軾嘗論其不可以告今太原韓
公公時在政府莫之行也而手實卒罷民賴以少安
凡今執政所欲必行者青苗助役市易保甲而已其
他猶可以庶幾萬一或者又以為明公將老矣若猶
有所爭則其請老也難此又軾之所不識也使明公
之言幸而聽屈巳少留以全兩路之民何所不可不
幸而不聽是議不中意其於退也尤易矣願少留意

軾一郡守也猶以為職之所當憂而冒聞於左右明公其得已乎干瀆威重俯伏待罪而已

答舒煥書一首

軾頓首軾天資懶慢自少年筋力有餘時已不喜應接人事其於酬酢往反蓋嘗和矣而未嘗敢倡也近日加之衰病向所謂和者又不能給雖知其勢必為人所怪怒但弛廢之心不能自克聞足下之賢久矣又知守官不甚相遠加之往來者具道足下雖未相識而相與之意甚厚亦欲作一書相聞然操筆復止者數矣因與賈君飲出足下送行一絶句其語有見

及者醉中率爾和荅醒後不復記憶其中道何等語也忽辱手示乃知有公沙之語惘然如夢中事愧赧不已足下文章之美固已超軼世俗而追配古人矣豈僕荒唐無實橫得聲名者所能眩乎何其稱述之過也其詞則信美矣豈效鄒衍相如高談馳騖不顧其實茍欲託僕以發其宏麗新語邪歐陽公天人也恐未易過非獨不肖所不敢當也天之生斯人意其甚難非且使之休息千百年恐未能復生斯人也世世人或自以為似之或至以為過之非狂則愚而已何緣會面一笑為樂朱支使行怱遽裁謝草草

荅黃魯直書一首

軾頓首再拜魯直教授長官足下軾始見足下詩文於孫莘老之坐上聳然異之以為非今世之人也莘老言此人人知之者尚少子可為稱揚其名軾笑曰此人如精金美玉不即人而人即之將逃名而不可得何以我稱揚為然觀其文以求其為人必輕外物而自重者今之君子莫能用也其後過李公擇於濟南則見足下之詩文愈多而得其為人益詳意其超逸絕塵獨立萬物之表馭風騎氣以與造物者遊非獨今世之君子所不能用雖如軾之放浪自棄與世

闊踈者亦莫得而友也今者辱書詞累幅執禮恭甚
如見所畏者何哉軾方以此求交於足下而懼其不
可得豈意得此於足下乎喜愧之懷殆不可勝然自
入夏以來家人輩更卧病忽忽至今裁荅甚緩想未
深訝也古風二首託物引類眞得古詩人之風而軾
非其人也聊復次韻以爲一笑秋暑不審起居何如
未由會見萬萬以時自重

荅宋寺丞書一首

軾自假守彭城即欲爲一書以問左右久苦多事竟
爲足下所先慚悚不可言也來書稱道過當皆非無

狀所能髣髴自少小為學不過以記誦篆刻追世俗之好眞所謂寡見淺聞者也年大來雖所謂寡淺者亦復廢忘至於吏道法令民事簿書期會尤非所長素又不喜從事於此以不喜之心強其所不長其荒唐謬悠可知也而彭城自漢以來號為重地　朝廷過采其虛名不知其實無有也而輕以畀之自到郡以來夏旱秋潦繼之以橫流之災扎瘥之餘百役毛起公私騷然未已也計其不治之聲聞於左右者多矣仁人君子不指其過教其所不逮而更譽之何也孔子曰居是邦也事其大夫之賢者友其士之仁者

自今與足下往來相聞知不徒爲好而已當有以告我者不勝大願適會夫役起無頃刻閒暇書不能盡意惟深察之

黄州上文潞公書一首

軾再拜孟夏漸熱恭惟留守太尉執事台候萬福承以元功正位兵府備物典册首冠三公雖曾孫之遇絶口不言而金縢之書因事自顯真古今之異事聖朝之光華也有自京師來轉示所賜書教一通行草爛然使破甑敝帚復增九鼎之重軾始得罪倉皇出獄死生未分六親不相保然私心所念不暇及他但

顧平生所存名義至重不知今日所犯爲已見絶於
聖賢不得復爲君子乎抑雖有罪不可赦而猶可改
也伏念五六日至于旬時終莫能決輒復強顏忍恥
飾鄙陋之詞道疇昔之眷以卜於左右遽辱還荅恩
禮有加豈非察其無他而恕其不及亦如聖天子所
以貸而不殺之意乎伏讀洒然知其不肖之軀未死
之間猶可以洗濯磨治復入於道德之場追申徒而
謝子產也軾始就逮赴獄有一子稍長徒步相隨其
餘守舍皆婦女幼稚至宿州御史符下就家取文書
州郡望風遣吏發卒圍船搜取老幼幾怖死既去婦

女恚駡曰是好著書書成何所得而怖我如此悉取燒之比事定重復尋理十亡其七八矣到黄州無所用心輒復覃思於易論語端居深念若有所得遂因先子之學作易傳九卷又自以意作論語說五卷窮苦多難壽命不可期恐此書一旦復淪没不傳意欲寫數本留人間念新以文字得罪人必以為凶衰不祥之書莫肯收藏又自非一代偉人不足託以必傳者莫若獻之明公而易傳文多未有力裝寫獨致論語說五卷公退閒暇一為讀之就使無取亦足見其窮不忘道老而能學也軾在徐州時見諸郡盗賊為

患而察其人多凶俠不遜因之以饑饉恐其憂不止
於竊攘剽殺也輒草具其事上之會有旨移湖州而
止家所藏書既多亡軼而此書本以為故紙糊籠篋
獨得不燒籠破見之不覺惘然如夢中事輒録其本
以獻軾廢逐至此豈敢復言天下事但惜此事粗有
益於世既不復施行猶欲公知之此則宿昔之心掃
除未盡者也公一讀訖即燒之而已黄州食物賤風
土稍可安既未得去去亦無所歸必老於此拜見無
期臨紙於邑惟冀以時為國自重

謝張太保撰　先人墓碣書一首

軾頓首再拜伏蒙再示先人墓表特載辨姦一篇恭
覽涕泗不知所云竊惟　先人早歲汩沒晚乃有聞
雖當時學者知師尊之然於其言語文章猶不能盡
而況其中之不可形者乎所謂知之盡而信其然者
舉世惟公一人雖若不幸然知我者希正老氏之所
貴辨姦之始作也自軾與舍弟皆有嘻其甚矣之諫
不論他人獨明公一見以為與我意合公固已論之
先朝載之史冊今雖容有不知後世決不可沒而先
人之言非公表而出之則人未必信信不信何足深
計然使斯人用區區小數以欺天下天下莫覺莫知

恐後世必有秦無人之嘆此墓表之所以作而軾之所以流涕再拜而謝也黄叔度澹然無作郭林宗一言至今以為顔子林宗於人材小大畢取所賢非一人而叔度之賢無一見於外者而後世猶信徒以林宗之重也今公之重不减林宗所賢惟先人而其心迹粗若可見其信於後世必矣多言何足為謝聊發一二

與章子厚書一首

子厚叅政諫議執事春初辱書尋遞中裁謝不審得達否比日機務之暇起居萬福軾蒙恩如昨顧以罪

廢之餘人所鄙惡雖公不見弃亦不欲頻通姓名今
玆復陳區區誠義有不可已者軾在徐州日聞沂州
丞縣界有賊何九郎者謀欲劫利國監又有闞温秦
平者皆猾賊往來沂兖間欲使人緝捕無可使者聞
沂州葛墟村有程棐者家富有心膽其弟岳坐與李
逢往還配桂州牢城棐雖小人而篤於兄弟常欲為
岳洗雪而無由竊意其人可使因令本州支使孟易
呼至郡喻使自效以刷門户垢汙苟有成績當為奏
乞放免其弟棐願盡力因出帖付與不逾月軾移湖
州棐相送出境云公更留兩月棐必有以自效今已

去柰何軾語棐但盡力不可以軾去而廢也茍有所獲當速以相報不以遠近所在仍為奏乞如前約也是歲七月二十七日棐使人至湖州見報云已告捕獲妖賊郭先生等及得徐州孔目官以下狀申告捕妖賊事如棐言不謬軾方欲具始末奏陳棐所以盡力者為其弟也乞勘會其弟岳所犯如只是與李逄往還本不與其謀者乞賜放免以勸有功草具未上而軾就逮赴詔獄遂不果發今者棐又遣人至黃州見報云郭先生等皆已鞫治得實行法久矣蒙恩授殿直且錄其告捕始末以相示原棐之意所以孜孜

於軾者凡為其弟以曩言見望也軾固不可以復有言矣然獨念愚夫小人以一言感發猶能奮身不顧以遂其言而軾乃以罪廢之故不為一言以負其初心獨不愧乎且其弟岳亦豪健絶人者也徐沂間人鷙勇如棐岳類甚衆若不收拾驅使令捕賊即作賊耳謂宜因事勸奬使皆歆艷捕告之利懲創為盜之禍庶幾少變其俗今棐必在京師叅班公可自以意召問其始末特為一言放免其弟岳或與一名目牙校鎮將之類付京東監司驅使緝捕其才用當復過於棐也此事至微末公執政大臣豈復治此但棐於

軾本非所部吏民而能自效者以軾為不食言也今既不可言於朝廷又不一言於公是終不言矣以此愧於心不能自已可否在公獨願秘其事毋使軾重得罪也徐州南北襟要自昔用武之地而利國監去州七十里土豪百餘家金帛山積三十六冶器械所產而兵衛微寡不幸有猾賊十許人一呼其間吏兵皆棄而走耳散其金帛以嘯召無賴烏合之衆可一日得也軾在郡時常令三十六冶每户點集冶夫數十人持却及槍每月兩衙於知監之庭以示有備而已此地蓋常為京東豪猾之所擬公所宜知因程棐

事輒復及之秋令伏冀為國自重

荅李端叔書一首

軾頓首再拜聞足下名久矣又於相識處往往見所作詩文雖不多亦足以髣髴其為人矣尋常不通書問怠慢之罪猶可闊略及足下斬然在疚亦不能以一字奉慰舍弟子由至先蒙惠書又復懶不即荅頑鈍廢禮一至於此而足下終不弃絶遞中再辱手書待遇益隆覽之面熱汗下也足下才高識明不應輕許與人得非用黄魯直秦太虚輩語真以為然耶不肖為人所憎而二子獨喜見譽如人嗜昌歜羊棗未

易詰其所以然者以二子爲妄則不可遂欲以移之
衆口又大不可也軾少年時讀書作文專爲應舉而
已既及進士第貪得不已又舉制策其實何所有而
其科號爲直言極諫故每紛然誦說古今考論是非
以應其名耳人苦不自知既以此得因以爲實能之
故譊譊至今坐此得罪幾死所謂齊虜以口舌得官
眞可笑也然世人遂以軾爲欲立異同則過矣妄論
利害攙說得失此正制科人習氣譬之候蟲時鳥自
鳴自已何足爲損益軾每怪時人待軾過重而足下
又復稱說如此愈非其實得罪以來深自閉塞扁舟

草屨放浪山水閒與樵漁雜處往往為醉人所推罵輒自喜漸不為人識平生親友無一字見及有書與之亦不荅自幸庶幾免矣足下又復創相推與甚非所望木有癭石有暈犀有通以取妍於人皆物之病也謫居無事默自觀省回視三十年以來所為多其病者足下所見皆故我非今我也無乃聞其聲不考其情取其華而遺其實乎抑將又有取於此也此事非相見不能盡自得罪後不敢作文字此書雖非文然信筆書意不覺累幅亦不須示人必喻此意歲行盡寒苦惟萬萬節哀強食不次

東坡集卷第二十九

東坡集卷第二十九